D0677422

Isabelle Pagé

Le défi moderne
DES FEMMES
CONJUGUER AMBITION ET MATERNITÉ

PERFORMANCE ÉDITION

 450-448-7748

info@performance-edition.com
www.performance-edition.com

Distribution pour le Canada : Prologue Inc.
Pour l'Europe : DG Diffusion
Pour la Suisse : Transat, S.A.
Pour l'Europe en ligne seulement : www.libreentreprise.com

© 2015 Performance Édition

ISBN 978-2-924412-71-8
EPDF 978-2-924412-72-5
EPUB 978-2-924412-73-2

Photo de la couverture, avant et arrière :
MARILI LEVAC PHOTOGRAPHE
514-707-1849 www.marililevac.com

Dépôt légal 4ᵉ trimestre 2015
Dépôt légal Bibliothèque et Archives nationales du Québec
Dépôt légal Bibliothèque nationale du Canada

Tous droits de traduction et d'adaptation, en totalité ou en partie, réservés pour tous les pays. La reproduction du tout ou d'un extrait quelconque de ce document, par quelque procédé que ce soit, tant électronique que mécanique, et en particulier par photocopie ou par microfilm, est interdite sans l'autorisation écrite de l'auteur.

Nous reconnaissons l'aide financière du gouvernement du Canada par l'entremise du Fonds du livre du Canada pour nos activités d'édition.

Nous remercions la Société de développement des entreprises actuelles du Québec pour son appui à notre programme de publication.

Limite de responsabilité
L'auteur et l'éditeur ne revendiquent ni ne garantissent l'exactitude, le caractère applicable et approprié ou l'exhaustivité du contenu de ce programme. Ils déclinent toute responsabilité, expresse ou implicite, quelle qu'elle soit.

 Imprimé au Canada

À toi, Charles, mon complice.

À vous quatre, mes petits guides,
Eliot, Guillaume, Olivia et Maxime.
Je vous aime de tout mon cœur.

MERCI d'être dans ma vie!

À mon GRAND homme

Charles, merci d'être à mes côtés depuis plus de vingt ans.

D'avoir accepté de me suivre dans cette aventure.

En ta présence, je grandis, je deviens chaque jour une meilleure personne.

Nous formons indéniablement une formidable équipe.

Ton ouverture et ta fougue me donnent des ailes.

C'est en relation qu'on peut pleinement s'épanouir et c'est ce que tu me permets de vivre chaque jour.

Des hauts, nous en avons eus et nous en aurons encore.

Des bas… aussi! Ainsi va la vie!

J'aime les complices que nous sommes devenus.

J'adore les projets d'avenir que nous caressons.

Mon cœur déborde de gratitude pour ta passion pour les enfants, pour notre famille, pour la Vie.

Ton cœur est celui d'un grand homme, le mien!

Je t'aime, je t'admire.

TABLE DES MATIÈRES

REMERCIEMENTS

L'écriture d'un livre est certes une aventure très solitaire, mais vient le moment où tout auteur a besoin de se tourner vers ceux qui ont contribué soit par leur talent ou leur présence à assouplir la route qui m'a menée à l'écriture de ce livre.

Merci, Marie-Josée Blanchard, mon éditrice, de m'avoir si gentiment et tout doucement entraînée dans cette extraordinaire expérience. Dès le début, je me suis sentie soutenue, encadrée, épaulée. Au tout début, tu m'as prise par la main et tu ne l'as jamais lâchée.

Merci, Patricia Prenoveau, ma réviseure, pour ton œil avisé et tes conseils. Merci à toi, Françoise Blanchard, pour ta sagesse, ton écoute et ta façon si enveloppante de me rassurer et de veiller sur moi et sur mon travail. Merci à toute l'équipe chez Performance Édition.

Merci à vous deux, maman et papa. C'est grâce à vous que je suis qui je suis et que ce livre est ce qu'il est. Je suis le résultat de votre parcours de vie et j'en suis très fière.

Merci à ma fratrie. Alexandra, ma sœur chérie. Ton cheminement m'inspire. Je suis nourrie par notre complicité et notre complémentarité. Babi, mon rayon de soleil rempli de sagesse et de fougue, tu es belle à voir. Will, ton intelligence émotionnelle me renverse, je t'adore!

Valérie Rojas, ma belle et grande amie. Merci pour ton écoute et ta sensibilité. Nous sommes soudées malgré la distance. Ce que nous vivons ensemble m'est très précieux.

Marraine Ginette Guay, notre rencontre fait partie des miracles de la vie. Tu fais partie de la famille maintenant. Le lien qui nous unit est précieux. Tu m'apportes tellement.

Nathalie Bussières, mon amie, ma confidente. J'aime ta folie, ta douceur, ta profondeur. Merci d'être dans ma vie!

Geneviève Brouillette, la générosité de ce que tu as fait pour moi dans ce projet n'a d'égale que ta grandeur d'âme! Ensemble, nous cheminons sur la même route depuis des années, celle qui mène au cœur. Je te sens là, toujours. Merci!

Denise Noël et la gang. Les deux dernières années ont été riches en émotions. Le noyau que nous formons me donne la force et le désir de continuer sur ce chemin que nous avons choisi. Sans vous, sans toi, belle Fée marraine, je n'y arriverais pas. J'ai besoin de chacune de vous.

Je suis comblée d'être entourée d'amis fidèles sur qui je peux compter. Vous êtes si nombreux, je suis choyée! Il y a un petit quelque chose de chacun de vous dans ce livre.

J'ai une pensée toute spéciale pour les femmes, les mères qui ont si généreusement accepté de me donner du temps et qui ont grandement contribué à la réalisation de ce projet. Merci!

Je dois vous avouer que j'ai la plus extraordinaire belle-famille au monde. Merci de me faire une place et de me laisser prendre ma place auprès de vous!

Marilyn Padilla, chère nounou, sans toi je n'y arriverais pas. Nous formons une super équipe et je te remercie bien affectueusement d'avoir accepté de faire partie de notre famille.

Eliot, ta sagesse et ta grandeur d'âme font de toi un être sensible et tellement généreux. Ta grande intelligence et ton empathie font de toi un être exceptionnellement beau et bon.

Guillaume, mon charmeur... rempli de talent. Tout est possible! Tant de choses te passionnent. Ta tendresse me touche droit au coeur.

Olivia, ma princesse déterminée, tu me fais penser à moi. Fonce, n'aie pas peur! Ta maturité et ta bienveillance font de toi une grande âme. Tu es le rayon de soleil qui illumine chacune de mes journées.

Maxime, mon cadeau de la vie... tu es unique! Tu mords dans la vie avec passion et intensité. Tu te fraies un chemin avec une détermination hors du commun. Tu iras loin!

Merci, Charles, mon amour, de croire en moi plus que moi-même. Merci d'être encore et toujours là! Tu me combles de tellement de façons. Ta présence et ton engagement ensoleillent la vie de notre famille.

Je suis la somme de toutes les rencontres et les expériences que j'ai vécues jusqu'à maintenant. Merci à toutes ces belles personnes qui ont croisé mon chemin et qui m'ont permis de devenir la femme que je suis.

À PROPOS DE L'AUTEURE

J e m'apprête à vous ouvrir la porte de mon univers. Comme les pages qui suivent vous donneront accès à des petits bouts intimes de ma vie et de ma philosophie, je pense qu'il serait approprié de faire connaissance avant d'entreprendre cette aventure.

Je suis née à Chicoutimi, d'un père commentateur sportif très connu, Jean Pagé, et d'une mère, Monique, qui avait tout d'une entrepreneure. Nous sommes déménagés à Québec alors que j'avais un an. Nous vivions à Saint-Romuald, sur la rive sud de Québec. C'est là que j'ai vécu toute mon enfance. Ma mère tenait un salon de coiffure dans le sous-sol de la maison et mon père est devenu célèbre. Mes parents se sont séparés alors que ma sœur et moi avions cinq et six ans. Nous avons seize mois de différence, je suis l'aînée. C'est drôle, parce que mes filles ont exactement la même différence d'âge, je revis beaucoup de choses qui remontent à ma mémoire à travers elles. Leur relation est semblable à celle que j'avais avec ma sœur.

Du plus loin que je me souvienne, je me suis toujours posé beaucoup de questions. Mes cours préférés au cégep étaient ceux de philosophie. J'adore les soupers entre amies où, ensemble, dans une atmosphère décontractée, nous refaisons le monde! Un des événements marquants de ma vie a été le moment où j'ai perdu ma meilleure amie, décédée de la leucémie à l'âge de vingt-deux ans; j'en avais vingt et un. Cet ange a traversé mon existence et m'a laissé en héritage le désir de donner un sens à ma vie.

J'ai toujours aimé écrire. J'ai toujours eu envie d'écrire. J'ai toujours su que j'écrirais un jour. Depuis quelques années, grâce à mon blogue sur le site de Yoopa, j'ai la chance de pouvoir tester ma plume et de réaliser ainsi la passion qui m'habite lorsque j'écris un texte. Je suis une femme de communication. Après un baccalauréat à l'Université Laval, j'ai commencé à travailler à la télévision comme animatrice à la station Télé-4 à Québec.

Depuis vingt ans, je travaille dans ce médium avec passion. Cinéma, télévision, radio, chroniques, animation et annonces publicitaires font partie de mon long parcours dans ce vaste monde fascinant et tellement enrichissant. Je fais partie des chanceuses qui perdurent après tant d'années. Je remercie la Vie de me donner la chance de m'exprimer et de rencontrer des gens extraordinaires et d'exception à travers mon travail.

Transmettre des émotions, des connaissances, partager mon expérience, c'est pour moi une nécessité, voire une obligation. Tous les moyens sont bons pour que je m'adresse à un large public et que je tente de toucher les gens.

Sans prétention et en toute humilité, je vous offre mon expérience et aussi ce que je retire des rencontres marquantes qui ont fait de moi la femme et la mère que je suis devenue.

Tout au long de mon parcours, je me suis questionnée et intéressée. J'ai appris, j'ai testé et je teste encore. Grâce à mon cheminement, j'ai envie de partager avec vous le fruit de mes réflexions. Souhaitons qu'elles éclairent votre parcours.

Bonne lecture!

INTRODUCTION

Mes quatre enfants ont été chacun à leur façon l'élément déclencheur de ma transformation. Ils ont apporté dans ma vie une dimension qui m'a fait réaliser l'importance de la valeur de la famille. Le processus pour y arriver n'a pas été de tout repos. Mon désir de prouver ma valeur aux autres à l'aide de mes performances et mon niveau de réussite est souvent venu brouiller les cartes.

La vie m'a mise devant des choix qui allaient me montrer le chemin vers une liberté. J'ai dû faire des compromis sur ma carrière, un salaire et une identité que j'avais mis plusieurs années à bâtir pour un projet tout aussi important, sinon plus, le projet de ma vie, celui d'avoir des enfants. Ce faisant, j'ai reporté mon désir de me prouver à travers eux. Je suis tombée dans le piège de la performance en voulant montrer à tout le monde que j'étais une *super-woman* et une *super maman*. Essoufflée, fatiguée, j'ai été obligée de changer ma perception d'une vie réussie. Chaque jour, j'essaie de lâcher prise et de reconnaître mes limites pour retrouver un certain équilibre.

Il y a longtemps que je me pose cette question. Est-il possible de conjuguer ambition et maternité? Est-ce que devenir mère veut nécessairement dire renoncer à tous mes projets, mes avancements et aux défis qui me sont proposés? À quoi toutes mes années d'études et mes efforts à bâtir une carrière ont-ils servi si c'est pour tout abandonner à la naissance des enfants? Est-il obligatoire de tout laisser tomber? Ce livre m'a permis de rencontrer des femmes extraordinaires qui ont eu à faire des choix. Certaines ont décidé de poursuivre leur carrière et de continuer de défoncer des portes après avoir eu leurs enfants. D'autres ont choisi de tout abandonner et de se consacrer à leur famille. Plusieurs femmes ont choisi de freiner ou de réorienter leur carrière, certaines temporairement, d'autres de façon définitive, pour être plus présentes. Quelques-unes ont renoncé à la maternité.

Le jugement et la pression sociale jouent parfois un grand rôle dans nos motivations à faire ces choix. Les pires juges dans ce débat sont nous, les femmes. Nous nous comparons, nous nous épions, nous avons une opinion. Ne serions-nous pas avantagées de profiter de l'expérience des autres? L'aventure de la maternité serait certainement moins solitaire si nous acceptions de lâcher prise sur l'image de la *mère parfaite.*

Est-il possible de tout avoir? Un mari, des enfants, une carrière, le dépassement de soi et s'attendre à ce que tout soit parfait dans le meilleur des mondes? Les nouveaux standards de réussite ne représentent-ils pas à leur façon une forme de carcan étouffant? Avoir une famille, des enfants, des diplômes, nourrir la famille d'aliments biologiques, faire du sport, voyager, avoir des promotions, changer régulièrement de catégorie salariale, inscrire les enfants à des sports de compétition, tout cela dans un environnement serein et équilibré, un programme qui peut aussi devenir contraignant. Au même titre que les normes du passé dictaient à la femme de rester à la maison et de ne pas aspirer à plus dans la vie que d'avoir un mari heureux, une famille nombreuse et épanouie tout en se laissant de côté dans l'abnégation.

Quand les gens s'intéressent au sujet de mon livre, ils sont curieux de savoir s'il existe une formule idéale pour conjuguer ambition et maternité. Est-il préférable qu'un des deux parents reste à la maison, du moins temporairement, pour le bien-être des enfants et l'équilibre de la famille? Est-ce vraiment la quantité du temps que nous passons à la maison ou la qualité du temps alloué qui fait une différence en fin de compte? En devenant parents, ces questions nous habitent et nous compliquent la vie. Je me pose souvent des questions dans les moments où je suis très occupée. Est-ce que je travaille trop? Est-ce que j'accorde à chacun suffisamment de temps? Ce déchirement interne est parfois insupportable et douloureux.

La contrainte est dans l'obligation de suivre un modèle qui ne correspond pas à ce que j'ai comme idéal de vie, qui n'est pas en lien avec ce qui est important pour moi. Au fond, chacun de ces choix n'est-il pas valable pourvu qu'il corresponde à une envie, une motivation, un désir profond qui me comble et qui reste en lien avec mes valeurs? Avons-nous perdu de vue ces valeurs fondamentales au détriment d'un désir de performance et de dépassement, toujours plus haut, toujours plus loin? Est-il possible de conjuguer les deux et de trouver le bonheur? Quel est le prix à payer pour tout avoir ou à quoi vais-je devoir renoncer?

Tous les jours, mes enfants me forcent à me dépasser. Je ne me sens pas toujours à la hauteur de la tâche. Ils sont une source intarissable d'inspiration et de merveilleux guides pour mon épanouissement personnel. Ils peuvent aussi représenter un frein quand il est question de mon cheminement professionnel. Ils m'ont forcée à faire des choix déchirants quant à ma carrière. Il m'arrive souvent de me demander si je suis à la bonne place.

Je ne suis pas une experte dans un domaine quelconque. Je ne suis ni sociologue, ni psychologue, ni éducatrice. Je suis une mère de quatre enfants qui, comme bien des gens, a dû faire des choix. Je suis une femme qui se pose tous les jours cette question : est-ce que je fais les bons choix? Pour moi. Pour mon couple. Pour mes enfants.

Ce livre n'est pas un guide pratique, bien qu'il puisse offrir aux femmes des pistes de solutions. Il n'a rien de scientifique, malgré le fait qu'il comporte quelques statistiques et certaines citations appropriées au propos traité. Il sert d'introspection grâce à des exemples tirés de mon expérience de vie personnelle. C'est un outil de prise de conscience qui ouvre la discussion sur la réalité des femmes d'aujourd'hui et de son impact sur la génération de demain.

Je veux célébrer les femmes imparfaites, aimantes, passionnées et vraies. Elles sont toutes des sources d'inspiration!

C'est beaucoup en pensant à mes enfants, à leur avenir, que j'ai écrit ce livre. J'aimerais leur offrir la possibilité de grandir avec une mère qui est là pour eux, armée de ses forces et de ses faiblesses.

CHAPITRE

1

Moi, toi, nous

*On ne peut voir la lumière sans l'ombre,
on ne peut percevoir le silence sans le bruit,
on ne peut atteindre la sagesse sans la folie.*

— Carl Gustav Jung

Que signifie avoir des enfants? Pourquoi, un jour, un couple décide-t-il de se reproduire? Tout le monde le fait, faisons-le! Sommes-nous pleinement conscients de l'ampleur de la tâche? Est-ce un geste purement égoïste? Si nous connaissions d'avance tous les enjeux parentaux, accepterions-nous ce contrat malgré tout? C'est peut-être mieux de ne pas tout savoir, après tout. Qui a envie de s'engager vis-à-vis un contrat qui lui fait prendre près de vingt kilos en quelques mois, qui laissera des séquelles à jamais sur son corps, qui l'oblige à se lever plusieurs fois par nuit, à s'armer de patience même si ce n'est pas une de ses principales qualités? Avoir des enfants bouleverse une vie. C'est déstabilisant, confrontant, mais avec un seul sourire, votre progéniture peut réussir à tout effacer et à vous redonner assez d'énergie pour faire face aux petites contraintes qui viennent avec le défi d'élever des enfants.

Quand j'allais à l'université et que je planifiais ma carrière, j'étais loin de me douter que j'allais avoir à faire des choix aussi déchirants plus tard. Je pense que je croyais que ce serait différent et que je pourrais trouver la solution miracle pour tout avoir : mari, enfants, carrière, gloire et succès! J'étais loin de me douter que les défis de couple, le manque de temps, le stress, l'anxiété et la culpabilité qui viennent avec les enfants allaient prendre d'assaut mon quotidien. Je croyais détenir la formule magique grâce à laquelle je pourrais prouver au monde entier que moi, j'avais compris : vous verrez, je vais vous montrer que c'est possible de tout avoir!

J'étais indépendante, libre et… naïve! J'étais convaincue qu'il était possible de ne rien changer à ma vie. À part une chambre de plus, un salon encombré de jouets et une ou deux brassées de lavage supplémentaires, j'essayais de me convaincre que c'est à l'enfant à s'adapter à mon mode de vie, et non l'inverse

Une conférencière que j'ai entendue dans un congrès a dit : « Le véritable engagement commence quand le fun finit. » C'est un peu ça, avoir des enfants! Au-delà du fait que c'est merveilleux, enrichissant, nourrissant et que cette expérience procure un immense bonheur, il y a une partie moins reluisante. Celle où l'on doit se lever en plein milieu de la nuit pour nettoyer suite à une indigestion, moucher des nez, réconforter. Toutes les fois où il faut gérer des chicanes, endurer des plaintes, répéter de nombreuses fois les mêmes choses, que dis-je des milliers de fois!

Est-ce que j'ai toujours su que j'aurais des enfants? Non! L'appel de la maternité n'a sonné qu'après la trentaine. Avant, je ne voulais même pas en entendre parler. Vous allez sûrement sourire ou me trouver complètement incohérente, mais après le premier, je ne voulais plus en avoir. Fini, terminé.

Bébé numéro un

Le spermatozoïde s'est faufilé et a fécondé l'ovule dès le deuxième mois d'essai officiel. Aucune nausée, peu de signes apparents, la vie continue, tout va bien! La douzième semaine tant attendue arrive. Rendez-vous chez le médecin pour la première échographie, c'est magique, nous flottons sur un nuage de bonheur. Le reste de la grossesse se passe merveilleusement bien, sans aucune complication; je me caresse le ventre, je continue de travailler jusqu'au tout dernier moment.

La veille de l'accouchement, invitée à un souper d'amis, je ne me doute d'absolument rien! De toute façon, je suis officiellement à dix jours de la date prévue de mon accouchement, donc aucun stress! Ce que je ne savais pas, c'est que j'allais donner naissance à mon premier enfant le lendemain matin!

Je m'en souviendrai toujours, c'était la nuit du fameux tsunami en Thaïlande, un soir de pleine lune, le 26 décembre 2004. Quelques contractions m'empêchaient de dormir cette nuit-là. J'ai pris un bain comme Josette, mon accompagnante, me l'avait recommandé. J'ai laissé l'eau dans la baignoire en me disant que je n'aurais qu'à la réchauffer un peu si j'avais à y retourner. En voyant que les contractions continuaient, j'ai téléphoné à Josette, et j'ai commencé à me préparer pour me rendre à l'hôpital.

En arrivant dans le salon, mon conjoint et moi avons constaté que l'eau du bain était en train de couler du deuxième étage et que le plafond allait crever ses eaux avant moi! Le stress était à son maximum : mon mari gérait le dégât d'eau et moi je tentais tant bien que mal de garder mon calme et d'appliquer mes belles techniques apprises en hypnonaissance durant les contractions qui devenaient de plus en plus fréquentes et intenses.

Le trajet vers l'hôpital ne s'est pas fait comme prévu. Je me suis retrouvée à quatre pattes sur la banquette arrière parce que la douleur était trop forte pour rester assise. Mon mari, qui n'avait fait le trajet que deux fois, me demandait si nous devions tourner à droite au premier ou au deuxième feu de circulation... (le GPS n'était pas encore inclus dans les voitures il y a dix ans!).

Heureusement, Josette était là lorsque nous sommes arrivés à l'hôpital et elle a pris les choses en main. C'est le rôle d'une accompagnante de calmer la future mère, d'encadrer et guider le futur père pour que tout se passe dans une atmosphère de confiance et de paix! Elle sert même de psychologue... parfois! J'avais tellement peur en arrivant à l'hôpital que c'est au moment où j'ai avoué à Josette que je craignais de ne pas être une bonne mère que mes eaux ont crevé. Un vrai tsunami... et moi qui avais peur de ne pas m'en rendre compte quand mes eaux allaient crever! C'est vraiment rassurant d'avoir quelqu'un de confiance à ses côtés dans de tels moments.

Comme j'avais peur d'accoucher! J'ai tenté de me convaincre du contraire durant ma grossesse. Je m'étais bien préparée. J'avais choisi un médecin qui pratiquait une technique d'accouchement sous autohypnose, l'hypnovie. Ça semble très ésotérique, mais c'est très simple au fond. Il s'agit d'écouter des CD et d'apprendre à méditer et à se détendre tout en reprogrammant son cerveau à l'aide d'images et de pensées positives sur l'accouchement et la douleur.

Dit comme ça, toutes les femmes veulent avoir recours à cette technique, mais c'est très difficile d'y arriver. Il m'a fallu quatre accouchements pour finalement arriver à la conclusion que ça fait mal d'accoucher, ça fait même très mal, surtout sans épidurale. L'être humain déteste la douleur et cherche toujours des moyens pour ne pas souffrir.

C'est en prenant un café avec une amie qui avait utilisé cette technique pour accoucher que j'ai eu un déclic. Elle me disait qu'elle avait appliqué la technique avec succès, mais qu'elle avait quand même eu très mal. C'est alors que j'ai compris que lors de mes trois premiers accouchements, j'ai essayé de ne pas avoir mal et de ne pas sentir la douleur. Comme je n'y arrivais pas, je vivais chaque fois un échec et je perdais alors les pédales au point de demander un soulagement, mais chaque fois, c'était trop tard. J'ai donc essayé lors du quatrième accouchement d'accepter d'avoir mal et d'accueillir cette douleur, plutôt que de tenter de la fuir.

J'ai adoré l'expérience. Ce fut de loin mon plus bel accouchement. J'ai senti que j'avais le contrôle à travers un immense lâcher-prise. Chaque contraction arrivait comme une vague et je savais qu'elle repartirait et que la prochaine serait différente et unique. J'ai senti que je créais mon accouchement comme on crée un tableau, à coups de pinceau.

À chaque contraction, je choisissais la façon de la gérer parce que j'étais suffisamment outillée pour me le permettre et que j'avais aussi du soutien pour le faire. J'ai impliqué davantage mon conjoint cette fois. Ça m'a permis de lui laisser une plus grande place et ce fut vraiment un moment extraordinaire entre nous deux. Je n'ai pas eu moins mal qu'aux autres, mais j'étais beaucoup plus consciente de ce qui se passait, c'est la raison pour laquelle je l'ai plus apprécié! Je l'ai vécu. Certaines femmes aiment mettre leur corps au défi en faisant des marathons. Je dis souvent à la blague qu'en accouchant naturellement, sans épidurale, j'ai fait quatre marathons.

Lorsque nous avons reçu notre congé de l'hôpital, j'avais peine à croire qu'on nous laissait partir avec ce petit être emmitouflé dans une coquille et qu'on s'imaginait que nous savions quoi faire à peine quarante-huit heures après avoir fait connaissance! On aurait dit que tout le monde me faisait confiance, sauf moi.

Je tremblais de peur à l'idée de ne pas être à la hauteur. Je me sentais comme un imposteur. Comment se fait-il que personne ne se rende compte que nous ne sommes pas prêts? Que je ne suis pas prête! Parce que, soyons honnêtes, mon mari aussi se fie à moi; c'est moi la mère qui doit tout connaître.

Tout le poids de ce *savoir* reposait sur mes épaules, même si j'étais enfin libérée du poids physique accumulé durant ma grossesse. Le poids émotionnel de faire connaissance avec mon bébé, de reconnaître ses besoins et de savoir y répondre, pesait beaucoup plus lourd. Tout cela au nom de l'instinct maternel.

Mais l'instinct maternel, c'est inné ou ça s'apprend? Est-ce que chaque femme y a accès? Probablement, mais pour y avoir accès, il faut d'abord se faire confiance. Je pense que c'est comme une toute petite graine en nous qu'il faut arroser en s'armant de patience avant qu'elle ne pousse et devienne une seconde nature. L'instinct maternel s'apprend, se cultive et se développe en faisant des essais et des erreurs, mais personne ne me l'avait jamais dit.

J'ai longtemps cru que parce que je suis une femme, parce que je suis devenue une mère, l'instinct maternel apparaît comme par enchantement avec l'arrivée des bébés.

Vous comprenez pourquoi je me sentais un peu inadéquate. J'étais convaincue que je saurais quoi faire, comment réagir, quoi dire. Je pensais aussi que ce bébé, je l'aimerais à la folie au premier regard, comme un coup de foudre. Bien sûr que je l'aimais, mais pas comme je l'avais imaginé ou lu dans des livres. Cet amour inconditionnel, qui fait presque mal tellement c'est fort, il est venu plus tard, quand j'ai appris à le connaître et que nous nous sommes apprivoisés. Depuis, chaque jour, cet amour grandit pour chacun de mes enfants. Chacun d'eux m'a permis d'ouvrir un peu plus mon cœur.

Dès les premières semaines à la maison, mon premier réflexe a été de me sentir étouffée, prise au piège. Je savais que je m'adapterais, mais j'avais quand même un deuil à faire celui de mon ancienne vie de liberté totale.

Ça peut sembler égoïste, mais j'étais hantée par le sentiment d'être comme un lion en cage. Je me rappelle avoir appelé une amie pour lui dire que je lui en voulais de ne pas m'avoir prévenue de ce qui m'attendait. Elle m'a répondu que si elle m'avait mise en garde quant à l'ampleur de la tâche, je n'aurais peut-être pas fait le même choix...

Au fond, je n'aurais rien fait de différent. J'aurais juste reconnu que j'avais besoin de temps pour apprivoiser tout ce changement. J'aurais accepté ma peur devant cette immense responsabilité. Je me serais donné une chance d'apprendre au lieu de penser que je savais déjà tout. J'aurais accepté qu'il soit normal que je n'y arrive pas du premier coup. Qu'il me faudrait répéter des centaines de fois un petit geste tout simple avant qu'il soit acquis! Sans le savoir, j'avais droit à mon premier cours de *Parent 101*. J'étais loin de me douter que c'était la base du métier qui commençait à faire son œuvre.

Bébé numéro deux

J'ai attendu deux ans et j'en ai voulu un deuxième. J'ai grandi avec une sœur avec qui j'ai une relation extraordinaire. Je voulais offrir cette chance à mon garçon. Il faut dire aussi que mon mari tenait beaucoup à en avoir un deuxième, question de fratrie.

Le vide

De retour à la maison, j'ai ressenti le même vide que la première fois. Ce vide arrive une fois que la lune de miel est passée. J'appelle *lune de miel* les dix jours qui suivent l'accouchement. Celle où l'on vit sur un nuage, remplie d'adrénaline. Une sorte d'état euphorique qui nous fait croire que nous pourrions reprendre le travail dans la semaine qui suit et réaliser mille et un projets. Période durant laquelle on se met à faire une liste de tout ce qu'on voudrait faire durant le congé de maternité : imprimer des photos, les encadrer, faire un mur de photos, faire un livre-photos de la première année de bébé, remplir le congélateur de petits plats cuisinés maison, repeindre la chambre d'amis, rénover le sous-sol pour en faire une salle de jeux, faire un voyage ou deux avec bébé, aller au musée, recommencer à s'entraîner trois fois par semaine... pour finir par ne rien faire, absolument rien! Rien de ce qui est écrit sur cette liste parce que la fatigue s'impose et que le temps manque rapidement à cause de bébé qui monopolise chaque minute de la journée ou presque!

Le vide, je l'ai trouvé vraiment difficile à combler.

Évidemment, tout de suite après avoir accouché de mon deuxième garçon, j'ai dit à mon conjoint que la famille était complète et qu'il pouvait prendre son rendez-vous chez le médecin. Le dossier est clos, nous passons à un autre appel.

Bébé numéro trois

Parlant d'appel, je ne sais pas trop quand ni comment celui du troisième s'est présenté, mais il a pris tout le monde par surprise, moi la première!

J'étais allée voir une dame qui peut répondre à certaines questions à propos d'enjeux futurs. Je ne suis pas une adepte des prédictions d'avenir. J'ai eu recours peut-être deux ou trois fois dans ma vie à de telles pratiques, notamment cette fameuse fois.

Je me rappelle avoir entendu la dame me dire que j'aurais un autre enfant. Lorsqu'elle a prononcé ces mots, je m'y suis accrochée comme à une bouée de sauvetage tellement ils résonnaient en moi. Ce n'est pas que je croyais qu'elle connaissait l'avenir. La serveuse au restaurant m'aurait dit la même chose que je l'aurais crue.

Ce qui m'a plu dans ce qu'elle disait, c'est que je savais à l'intérieur de moi que j'avais ce désir, mais je ne voulais pas me l'avouer. Je ne voulais pas l'admettre, encore moins y croire, mais au fond de moi, tout enfoui, l'appel de la maternité était toujours là, bien vivant.

Mon côté rationnel m'amenait à croire que je n'étais pas apte à avoir d'autres enfants. Pour moi, une mère de plusieurs enfants n'était pas quelqu'un qui poursuit des projets de carrière ni des ambitions autres que celles d'élever ses enfants et de s'y consacrer.

Je suis donc revenue à la maison avec cette idée en tête : avoir un troisième enfant. Moi qui avais toujours crié haut et fort que je ne voulais plus d'enfants, il me fallait convaincre mon mari du contraire. Aller contre toute attente et défier mes propres démons.

Comme la vie nous teste constamment, j'ai fait une fausse couche à onze semaines de grossesse. Je me suis alors dit : « Tu veux un troisième enfant, ma belle, alors, voyons si tu y tiens vraiment! » Évidemment que j'y tiens!

La vie nous envoie toujours des obstacles que nous pouvons surmonter. C'est ma demi-sœur, âgée de douze ans à l'époque, qui m'avait lancé cette phrase un jour. Je l'ai classée dans le top dix des mantras que je me répète le plus souvent.

L'idée avait fait son chemin et avait eu le temps de germer en moi. Les six mois qui ont suivi ont été très longs et pénibles. Allais-je être capable d'avoir un autre enfant? Devrais-je faire le deuil de la maternité?

J'ai compris un peu mieux pendant ce moment d'attente interminable ce que peuvent vivre les couples incapables de procréer. Dans une société où tout se monnaie et s'achète, devoir renoncer à un désir aussi viscéral que d'avoir un enfant doit être insupportable. J'ai quelques amies pour qui ce fut très pénible et certaines autres pour qui la maternité n'a simplement pas fonctionné. Je sympathise avec elles et je les admire beaucoup. Aurais-je été capable de faire ce deuil?

Bébé numéro trois est arrivé peu de temps après. Mon premier bébé d'été, que j'ai nourri et cajolé en me berçant devant le lac. J'étais au paradis! En plus, sans le vouloir vraiment, j'ai eu un bonus : après deux beaux garçons, la vie me faisait le cadeau d'une petite fille!

Cette fois, c'est vrai! La famille est complète. Mon conjoint a pris son rendez-vous chez le médecin. Ma fille avait huit mois et j'avais la nette impression que je sortais enfin la tête de l'eau et que je reprenais les rênes de ma vie. J'ai recommencé à m'entraîner, les projets refaisaient surface et ils étaient tous dans le domaine du possible. Nous avions même entrepris un gros projet de rénovation afin que chaque enfant ait sa propre chambre. Je voyais enfin la lumière au bout du tunnel.

Bébé numéro quatre

Je vous l'ai dit, la vie nous présente des obstacles que nous sommes capables de surmonter. Voici le scénario :

rendez-vous manqué de mon conjoint chez le médecin, relation non protégée, mauvais (ou bon) moment, bébé numéro quatre s'est frayé un chemin et a réclamé sa présence au sein de notre famille.

Je le savais! Au moment où c'est arrivé, j'ai senti que ma vie venait de prendre une tout autre tournure. Je le savais, mais je ne voulais pas me l'avouer. J'ai attendu le fameux test de grossesse officiel pour accepter l'évidence.

Ma première réaction a été un profond sentiment de découragement. C'était comme si je venais d'escalader le mont Everest et qu'une fois descendue, je devais immédiatement remonter parce que j'avais oublié quelque chose au sommet. Non! Je n'ai pas envie de remonter, je suis fatiguée. Pendant une fraction de seconde, l'idée de ne pas entreprendre ce voyage m'a traversé l'esprit. Même pas le temps d'une respiration. À l'expiration, je savais déjà que tout était parfait et que ce qui était en train d'arriver devait arriver.

Grâce à bébé numéro quatre, j'ai pu revivre un de mes moments préférés dans la vie, celui de l'instant où le bébé tout chaud est déposé sur mon ventre et que, épuisée par l'effort, je sens que l'adrénaline retombe et que la terre arrête de tourner. Plus rien n'existe au monde! C'est comme une sensation de flottement.

J'ai accouché quatre fois et, chaque fois, j'ai vécu ce moment magique. J'étais à la bonne place, au bon moment, et je n'aurais voulu être nulle part ailleurs. C'est une bulle d'amour immense où les soucis, les préoccupations, les chicanes, le quotidien s'évaporent pour laisser place à la chaleur de ces corps qui sont fusionnels.

Je pense que j'aime profondément ce moment parce que c'est celui où j'accepte de ne plus faire un avec l'enfant. Je lui permets d'exister à part entière. Nous sommes maintenant deux êtres distincts, mais unis.

Rares sont les moments dans la vie où l'on peut sentir cette suspension du temps. Ça m'est arrivé lors d'occasions comme un mariage, un décès ou un moment de très grande intensité émotive, où l'amour prend toute la place et enveloppe tout ce qu'il y a autour.

Avec le recul, je me souviens d'avoir toujours admiré les familles de quatre enfants et plus. Ce que nous admirons chez les autres est bien souvent l'expression de ce qui est présent à l'intérieur de nous.

J'en ai voulu à mon conjoint... même si des bébés, ça se fait à deux! Un grand sentiment d'injustice m'habitait. Pourquoi est-ce encore à moi d'avoir à faire tous ces sacrifices : porter le bébé, accoucher, allaiter, mettre ma vie sur pause pendant un an, alors qu'il lui poursuit son ascension vers le sommet et se dépasse professionnellement?

Pour moi, c'était très difficile à accepter. Pourtant, je savais que j'étais contente et que je désirais ce quatrième bébé. C'est ça le paradoxe et c'est ce que j'ai trouvé le plus difficile à vivre en tant que femme. Dans mon cas, le fameux post-partum se définit par ce paradoxe. Ma joie et mon bonheur d'être mère mêlés à mon désir de me réaliser comme femme dans ma carrière.

Mon conjoint Charles et nos trois enfants :
Eliot (l'aîné), Guillaume,
Olivia et bébé dans mon ventre, Maxime.

Maxime, le bébé de la famille,
née le 9 décembre 2012.

CHAPITRE

2

J'aurais aimé savoir

Un jour ou l'autre, les gens réalisent
qu'ils ne sont pas obligés
de vivre comme on leur avait dit.

— Alan Keightly

Le post-partum

C'est dans cet état d'esprit que j'ai vécu chacun de mes post-accouchements : un mélange d'hormones et d'émotions qui me confirment que je suis là où je dois être, mais qui me font aussi sentir que je passe à côté de quelque chose, que le train file à toute allure et que je ne suis pas dedans.

C'est la femme aux multiples projets de carrière qui parle, celle qui est déchirée entre la volonté de déposer des projets de télévision, d'animer sa propre émission et d'être plus connue et, d'autre part, celle qui désire profiter de chaque moment passé avec ses enfants. Cette dualité m'habite depuis l'arrivée de mes enfants.

Ce qui a été plus difficile à accepter lorsque je suis devenue mère, c'est que je n'étais plus le centre d'intérêt. Du jour au lendemain, les projecteurs n'étaient plus braqués sur moi. Ça va de soi bien sûr, mais il m'a fallu un certain temps avant de m'adapter, d'accepter que mes besoins ne passaient plus en premier.

Fini le temps où, quand j'avais envie d'aller au restaurant, je n'avais pas de gardienne à trouver. Fini le temps où, lorsqu'il me fallait aller au petit coin, j'y allais quand je voulais et seule de surcroît! Fini le temps où je pouvais m'asseoir et lire durant une demi-heure sans interruption, sans perdre le fil de l'histoire. Mes besoins souvent très primaires passent maintenant après ceux, un peu moins primaires, de ma progéniture.

Je me sens parfois frustrée lorsque je ne peux pas faire ce que je veux, quand je le veux. Ça m'arrive lorsque je m'installe à table pour manger mon repas chaud et que je suis sollicitée pour un verre d'eau, une débarbouillette ou une deuxième portion parce que la première est déjà engloutie et digérée. Lorsque je parle au téléphone et que trois personnes me tournent autour avec des questions et des demandes qu'ils n'avaient pas trente secondes plus tôt, alors que j'étais disponible. Quand je viens de me coucher et qu'un des quatre enfants tousse, a envie de pipi ou est réveillé par un cauchemar. Ou bien quand j'essaie de terminer l'écriture de mon livre et qu'un enfant entre en trombe dans mon bureau, en crise! Dans ces moments, je dois faire un deuil, le deuil de la liberté, d'une liberté que je retrouverai peut-être plus tard, une fois les enfants élevés.

Le temps passe vite, je devrais en profiter, ces moments ne reviendront plus, mais en attendant, je passe en deuxième et dans mon cas, c'est parfois même en sixième, après les enfants et mon conjoint! C'est un travail tellement prenant que j'oublie parfois que moi aussi, j'ai des besoins et des limites. J'apprends chaque jour à les écouter et à tenter de les exprimer le plus clairement possible à mon entourage.

Chaque fois que je dis oui en pensant non, quelqu'un en paie la note. Soit que je m'en veuille et que je me crie des noms parce que je ne me suis pas respectée, soit que je me fâche après les enfants en les blâmant de m'avoir poussée à aller au-delà de ce que je suis capable de prendre.

Ce n'est pas facile pour les enfants de comprendre que leur mère a aussi des besoins. Je me rappelle un matin au petit déjeuner, j'étais exaspérée à cause de toutes les demandes de chacun de mes enfants qui n'en finissaient pas. Je veux du lait, une fourchette, un bol, de l'eau, un œuf, alouette!

Je leur ai fait part de mon état en leur disant que j'aimerais bien m'asseoir moi aussi et manger mon petit déjeuner et boire mon café chaud. J'ai ajouté que ça me ferait plaisir de ne pas toujours passer en deuxième.

Le cadet de mes garçons m'a alors dit que c'était ça, le rôle d'une mère, de passer en deuxième et de répondre aux besoins de tout le monde. J'ai répondu qu'avant d'être une mère, j'étais d'abord une femme. Un être humain comme lui, avec des besoins et des limites, et que comme tous les êtres humains, j'acceptais et j'avais besoin de passer en premier à l'occasion. Je leur ai aussi mentionné que lorsqu'ils sont reconnaissants pour ce que je fais pour eux et qu'ils me l'expriment, ça m'aide à accepter de passer après les autres membres de la famille.

Guider mes enfants et les aider à devenir de grandes personnes autonomes et responsables est mon plus grand engagement, mais au fil des ans et du nombre d'enfants, j'ai réalisé que ça ne pouvait pas se faire au détriment du respect de mes limites.

Sortir de l'isolement

À l'époque où je n'avais pas encore d'enfants, même pas l'idée d'en avoir, j'habitais un quartier résidentiel où j'étais entourée de jeunes professionnels. Une de mes voisines, sans enfants, travaillait comme moi plusieurs heures par semaine sans vraiment se soucier de qui ou de quoi que ce soit sur la rue. On se saluait poliment quand on se croisait, mais sans plus. Puis j'ai déménagé et, quelques années plus tard, par hasard, j'ai rencontré cette ancienne voisine. Nous étions toutes les deux enceintes de sept mois et nous allions accoucher à quelques jours d'intervalle. Depuis ce temps, elle et moi sommes devenues inséparables.

De fidèles amies et complices qui ont partagé ensemble les joies de l'accouchement, de l'allaitement, des post-partums. Sans ce dénominateur commun que sont les enfants, nous ne serions probablement jamais devenues de si bonnes amies.

En tant que mères, nous ne voyons pas les choses de la même manière. Elle est plus mère poule que moi. Je suis plus audacieuse et aventurière. Elle est plus calme et posée. J'ai allaité moins longtemps qu'elle l'a fait pour ses deux enfants. Après ses accouchements, elle était beaucoup plus casanière que moi. J'avais besoin de sortir, de m'évader et de voir du *vrai monde*, au moins une fois dans ma journée. C'était parfait parce qu'elle aussi avait besoin d'un contact avec des adultes sans avoir à sortir de chez elle.

Nous nous sommes apporté beaucoup mutuellement durant cette période où nos hormones jouaient au yoyo et où le post-partum nous faisait de l'œil, à moi plus qu'à elle. Ensemble, nous avons vécu des moments qui nous ont soudées l'une à l'autre plus que nous aurions pu l'imaginer.

Aujourd'hui encore, nous sentons ce lien si fort entre nous et présent dans nos vies quotidiennes. Avec elle, je me suis permis de ne pas sombrer dans l'isolement. Avec elle, je me suis permis de douter. Avec elle, je me suis permis de me questionner. Avec elle, je me permets de ne pas toujours avoir réponse à toutes les questions et de ne pas me sentir à la hauteur. Jamais je ne me sens jugée.

En sa présence, j'ai pleuré, j'ai ri, beaucoup ri. J'ai ragé et je rage encore... parfois! C'est elle qui m'a fait prendre conscience que la famille était pour moi une valeur beaucoup plus importante que je ne le croyais. Avec l'arrivée de mes enfants, ma vie a changé complètement.

Mes priorités ont changé. J'ai dû redéfinir ce qu'est pour moi l'ambition, le succès, le dépassement et où se retrouvent ces valeurs dans la liste de mes priorités. Son écoute m'a permis de faire du chemin. J'avais besoin d'elle, elle avait besoin de moi. C'est seulement aujourd'hui que je le ressens aussi clairement.

La voir apprécier de rester à la maison sans trop se poser de questions m'a confrontée à mes propres doutes. En la voyant aussi à l'aise avec son choix, je ne pouvais faire autrement que de me demander pourquoi ça ne semblait pas aussi évident dans mon cas. Qu'est-ce qui me manquait au point où j'avais parfois envie d'être ailleurs? Mon bébé me comblait, j'aimais passer du temps avec lui, mais j'avais en moi un sentiment de ne pas être complète. La réussite sociale avait beaucoup d'importance pour moi, ça prenait beaucoup de place dans ma vie.

Ma mère et ma belle-mère habitent à Québec. Quand j'ai donné naissance à mon premier garçon, je vivais déjà à Montréal. Je me suis sentie tellement seule au monde après l'accouchement. C'était l'hiver, il faisait noir dès seize heures et je comptais les minutes avant que mon conjoint ne revienne du travail. C'était interminable! Je n'osais dire à personne que je trouvais le temps long. Quelle sorte de mère n'aime pas être avec son enfant toute la journée? Trouver le temps long en sa présence m'aurait fait passer pour une mauvaise mère incompétente. J'étais convaincue que les gens penseraient que je ne l'aimais pas.

Je me suis isolée, sans trop en parler. Si je m'étais simplement ouverte à ce que je ressentais, j'aurais compris que je n'étais pas seule et que j'étais peut-être normale. Ce n'est pas donné à tout le monde de savourer chaque seconde passée avec un nouveau-né. Je n'ai jamais vraiment aimé jouer durant des heures à faire des *gougous-gagas* avec les bébés. Je préfère l'interaction quand ils sont plus vieux : les accompagner pour une randonnée à bicyclette, les emmener avec moi partout où je vais ou encore jouer à des jeux de société en famille. Ça m'arrive encore aujourd'hui de me trouver plate quand je refuse d'aller au parc ou que je ne veux pas me baigner avec eux. Une *super maman* devrait toujours être partante pour faire de la pâte à modeler, des dessins ou de la bicyclette avec ses enfants!

Ma vie, avant d'avoir un enfant, allait à cent kilomètres à l'heure. Avec le bébé, j'ai dû ralentir et m'adapter à son rythme : sa sieste le matin, sa sieste l'après-midi, la tétée aux quatre heures, la préparation des purées, sa nuit de sommeil à dix-neuf heures. Cet horaire rendait toutes les sorties rares et compliquées. Je me suis sentie attachée.

Je me suis mise à étouffer et c'est malheureusement mon conjoint qui en a le plus souffert. Je lui en voulais d'avoir accès à cette vie trépidante qui me manquait. Pour lui, rien n'avait vraiment changé, il continuait de vaquer à ses occupations, sans trop se préoccuper de l'horaire du bébé. C'était frustrant pour moi. Je l'enviais et je le lui faisais sentir en me plaignant. Le compte rendu de mes journées n'était jamais vraiment reluisant. Je voulais qu'il sente que je sacrifiais beaucoup de choses en restant à la maison. Je voulais être reconnue, mais je ne le disais pas. Je le faisais plutôt sentir coupable et je le faisais payer pour ce que je vivais.

Je me souviens d'une journée où j'avais allaité sans arrêt, un de ces jours où bébé est connecté au sein presque du matin au soir. À son retour à la maison après sa journée de travail, devant mon exaspération, mon mari m'avait tout bonnement lancé : « Je ne comprends pas, je pensais que les femmes aimaient allaiter!» Je vous jure que si j'avais eu une arme dans les mains, je n'aurais pas râté ma cible! Le pauvre, je lui ai craché tout mon venin au visage alors que rien de cette situation ne lui appartenait.

J'aurais dû à ce moment lui exprimer mes frustrations et mes déceptions. J'ai plutôt préféré continuer à faire semblant et à essayer d'aimer mon rôle et de me forcer de m'y plaire. J'ai joué à l'héroïne parce que j'avais honte de me sentir aussi dépourvue. Je ne voulais pas qu'il sache que je ne me sentais pas à la hauteur et qu'au fond, j'avais besoin de son soutien.

J'ai beaucoup d'admiration pour celles qui acceptent ce changement de vie tout naturellement. Les histoires de celles qui nagent dans le bonheur avec leur nouveau-né sont celles que l'on entend le plus souvent. Les récits de celles pour qui ça prend du temps, pour qui c'est plus difficile, on ne les entend pas parce qu'ils sont plus tabous.

Se donner le droit à l'erreur

La première tétée de mon fils aîné ne s'est pas bien passée. À l'hôpital, à peine quelques minutes après être né, il s'est étouffé et il a fallu le réanimer… Tout le personnel a été d'une grande efficacité et il ne lui est resté aucune séquelle de cet incident.

Comme je n'avais jamais allaité et que je croyais que c'était quelque chose de tellement naturel qu'aucun apprentissage n'était nécessaire, mes attentes étaient très élevées! Je m'attendais à ce que ça se fasse tout seul et que le désir de le faire suffisait pour que tout fonctionne à merveille. Première déception! Mon garçon prenait mal le sein et j'ai dû m'acharner pour d'abord apprendre la *bonne* façon et, ensuite, avoir la patience de la lui montrer. Quand les orteils te retroussent chaque fois que le boire arrive et que tu dois mettre l'enfant au sein, c'est signe que tout n'est pas si naturel qu'on l'imagine!

Je voulais vraiment allaiter mon bébé. Ce départ difficile m'a fait comprendre que bien que l'allaitement soit un geste naturel, ce n'est pas quelque chose d'inné. C'est un apprentissage et une période d'apprivoisement autant pour la mère que pour le poupon.

J'ai profité de la présence réconfortante des infirmières et de mon court séjour à l'hôpital pour bénéficier des précieux conseils de ces professionnelles qui ne demandaient qu'à m'aider. Chaque fois que je m'apprêtais à allaiter, peu importe l'heure, je demandais à l'infirmière de service de venir m'assister.

Une fois à la maison, j'ai fait appel à une marraine d'allaitement qui m'a soutenue et épaulée durant les premières semaines d'ajustement. Sans elle, j'aurais probablement abandonné. Comme ma mère ne m'a pas allaitée, je ne pouvais pas compter sur ses conseils. Elle se sentait même démunie face à mon acharnement et à ma détermination à vouloir autant allaiter mon bébé. On ne peut pas donner ce que l'on n'a pas.

Cette génération de mères fait partie, pour la plupart, des femmes qui n'allaitaient pas leurs bébés. Je comprends pourquoi, dans certaines tribus ou religions, les femmes se regroupent pour accompagner celle qui donne naissance à son enfant. Elles peuvent ainsi partager leur expérience.

Dans notre culture, les générations de femmes qui nous ont précédées ne peuvent pas vraiment nous transmettre leur vécu puisque plusieurs d'entre elles étaient endormies lors de leurs accouchements. Ce fut le cas de ma grand-mère maternelle, qui a eu seize enfants et qui a été endormie pour chacun d'eux. J'aurais tant aimé échanger avec elle sur le sujet. Ce sont heureusement des connaissances qui reviennent et pourront être transmises aux prochaines générations. Je me vois très bien à côté de mes filles leur tenant la main, si un jour elles vivent cette expérience.

Je vais aussi m'assurer de leur raconter comment chaque grossesse se vit de façon différente et qu'il n'y a pas deux femmes pareilles.

Quand j'ai eu mon premier enfant il y a onze ans, la maternité dans son sens large commençait à attirer l'attention médiatique. Les vedettes hollywoodiennes arboraient fièrement, en page couverture des magazines, leurs ventres bien ronds et leurs courbes de femmes enceintes. Fini l'époque des salopettes amples pour cacher les rondeurs. La mode pour femmes enceintes a beaucoup évolué au cours des dix dernières années. Les vêtements portés par les futures mères sont moulants et épousent le corps pendant les trente-neuf semaines de gestation. Les grossesses se vivent maintenant au grand jour.

Ces mêmes vedettes apparaissent aussi à la une des magazines quelques semaines à peine après avoir accouché, plus minces et plus sexy que jamais. Quelle pression énorme pour nous les simples mortelles que nous sommes!

Je me rappelle, qu'après mon premier accouchement d'avoir fait la grave erreur d'essayer d'entrer dans mes jeans une semaine après mon retour à la maison. Oubliez ça! Impossible! Je n'étais même pas proche de monter la fermeture éclair, encore moins d'attacher le bouton. Il m'a fallu attendre un an pour y arriver. Indomptable, chaque semaine j'essayais, remplie d'espoir, mais sans succès. Une vraie torture!

En tant que mère, je cherche à me rassurer que ce que je fais ou ce que je dis est la bonne chose. Trouver une façon de valider mes choix m'apaise.

Quand j'oblige mes garçons à mettre un manteau et que j'arrive à l'école et constate que tout le monde est en manches courtes, je me remets en question. Je cherche à savoir si je suis correcte en regardant autour de moi et en m'assurant que je ne suis pas toute seule à vivre une situation ou que ma réaction à un événement est partagée par d'autres mères.

J'ai naturellement ce petit côté inquiet. En voyant tous les livres qui sont sur le marché et qui parlent de l'éducation des enfants, je me dis qu'ils doivent être là pour me rappeler que je ne sais pas toujours quoi faire. Ils sont sûrement là pour m'apprendre quelque chose que forcément je ne sais pas. Je trouve ça difficile de me faire confiance et de me fier à mon instinct.

J'ai eu la chance de trouver un pédiatre extraordinaire qui m'a beaucoup appris à propos du gros bon sens. Il n'est pas du genre à s'alarmer facilement.

Dès mes premières visites, il m'a rappelé que si un bébé ne fait pas de fièvre, qu'il s'hydrate et qu'il a des périodes enjouées ou éveillées, rien ne sert de courir à l'urgence, ça va passer. Le nombre de visites à la clinique qu'il m'a évitées, vous n'avez pas idée. Je l'adore! Il m'a vraiment donné confiance en moi et en mon jugement de mère et il m'a donné des petits conseils de base tout simples.

Un prêt à long terme

Quand j'avais vingt et un ans, j'avais une amie que je côtoyais depuis peu. Je travaillais avec elle comme hôtesse au Colisée de Québec, pour les Nordiques. Un soir, elle est arrivée au travail en me disant qu'elle avait un garçon à me présenter. Curieuse de nature, j'ai tout de suite accepté son offre. Le rendez-vous fut un échec. J'ai quand même donné sa chance au coureur, Dieu merci, parce qu'il est aujourd'hui mon mari et le merveilleux père de mes quatre enfants. Je vous l'ai dit, la vie est bien faite.

Je vous raconte cette histoire parce que son dénouement n'est pas celui d'un conte de fées. Après nous avoir réunis, Isabelle, qui portait le même prénom que moi, a appris qu'elle avait la leucémie et elle est décédée cinq mois plus tard. J'ai perdu une amie, mais pire encore, un père et une mère ont perdu leur fille. Difficile de croire qu'il existe pire drame que de perdre un enfant.

Ginette, la mère d'Isabelle, est aujourd'hui la marraine de mon plus vieux. À travers nous, elle vit ce que jamais elle n'aurait pensé pouvoir vivre un jour. Nous lui avons fait naturellement une place au sein de notre famille. Cette femme est exceptionnelle. Je me demande comment elle fait pour se lever le matin. Où trouve-t-elle sa raison d'être après avoir perdu ce qu'elle avait de plus précieux au monde?

Quand un jour elle m'a dit que nos enfants ne nous appartenaient pas, qu'ils nous étaient prêtés, je l'ai crue et j'ai compris. C'est vrai qu'on ne prend pas soin de quelque chose qui nous est prêté de la même façon que de quelque chose qui nous appartient. À partir de ce moment, j'ai changé ma vision de mon rôle de parent. J'ai accepté que mes enfants ne soient pas ma possession, mais qu'ils appartiennent à la Vie elle-même. Je ferais tout pour eux et je me sens surtout comme un guide, un phare. Quelqu'un qui est là si tu en as besoin, mais qui accepte aussi que tu puisses ne pas en avoir besoin.

Je vous dis ça comme si c'était réglé, fini, on n'en parle plus. Pas du tout! Je me surprends tous les jours à vouloir les contrôler, les obliger à marcher dans un chemin que j'ai choisi pour eux sans tenir compte de leur opinion ou de leur individualité.

Un jour, un ami qui chemine avec moi m'a dit que je me plaignais de mon rôle de mère, qu'il m'arrive de trouver ingrat : « Et si l'on renommait le rôle? Tu es la *matrice*, du mot latin *matrix*, un élément qui fournit une structure ou un appui qui sert à entourer, à reproduire ou à construire. Tu fournis une structure familiale qui permet le développement de chacun, tu appuies et entoure chacun pour produire une grande quantité de bonheur et tout ça pour construire un monde meilleur! »

J'ai fondu en larmes et ça m'a fait un bien énorme. J'ai regardé mes enfants d'un tout autre œil. J'avais envie de leur dire merci de me permettre d'être leur matrice, leur mat, le pilier sur lequel ils peuvent s'appuyer et auprès duquel ils peuvent toujours revenir et trouver le réconfort et le soutien dont ils ont besoin. Je me suis sentie valorisée dans mon rôle. J'en avais besoin!

Je suis contente d'avoir eu la chance d'avoir plusieurs enfants parce que je ne vous cacherai pas que chaque fois, j'apprends un peu plus. Je ne fais pas les choses avec la quatrième comme je les faisais avec le premier ou le deuxième. Je suis beaucoup moins interventionniste qu'avant. Heureusement! Je trouve cette prise de conscience difficile, mais j'essaie d'accepter de ne pas être la seule et unique personne qui puisse répondre à leurs besoins. Je délègue un peu plus tous les jours. Il faut dire que plus le nombre d'enfants est élevé, plus il est difficile de continuer à jouer les *superwomen*.

Je partage avec vous cette phrase qui m'inspire beaucoup. Elle vient de Madeleine Allard dans le livre *Les tranchées*, de Fanny Britt : « ... si on se laissait simplement guider par notre intuition, par ce qu'on ressent, par ce qu'on désire au plus profond de notre être, par ce qui nous fait sentir vivante, je suis convaincue que tout serait bien. (...) Laisser se déployer la vie, celle qui fait parfois si bien les choses, comme une expression de nos aspirations les plus profondes. (...) Je pense que si on arrêtait d'essayer de voir ce qu'on doit faire et qu'on essayait plutôt de se laisser guider par ce qu'on veut faire, tout le reste prendrait son sens, les sacrifices comme les bonheurs, les moments les plus durs comme les plus faciles. »[1]

Il s'agit d'en finir avec les stéréotypes, les formules toutes faites et déjà mâchouillées, d'en finir aussi avec les gestes ou les décisions prises par principe. Chaque fois que je me vois agir par principe, il y a une petite lumière qui s'allume à l'intérieur de moi et qui clignote. Je suis une adepte de la routine et de l'encadrement. Je crois que les enfants en ont grandement besoin et qu'il est essentiel au bon fonctionnement d'une famille qu'il y ait des lignes de conduite claires et bien définies.

Je dois avouer que je suis un peu trop à cheval sur ce principe. Je ne laisse pas beaucoup de place à l'improvisation de peur que ça devienne une habitude. Ce faisant, je passe à côté de nombreux petits bonheurs dans une journée à cause de mes beaux principes. Je laisse passer des petits morceaux de pur plaisir juste parce que je ne veux pas créer de précédents.

J'aspire à mettre un peu plus de folie dans ma vie en mettant mes principes de côté. Mes enfants sont une source de piquant incroyable dont j'aimerais m'inspirer et en saupoudrer à volonté un peu partout dans le quotidien!

CHAPITRE

3

Je te juge, tu me juges, nous nous jugeons

*Ce qui trouble les gens ce ne sont pas les choses,
mais les jugements qu'ils portent sur les choses.*

— Épictète

Qui n'a jamais jugé? Je ne serai pas celle qui va lancer la première pierre parce qu'il m'arrive d'agir ainsi. Personne n'a vraiment envie d'admettre qu'il ou qu'elle juge les autres. Le mot *jugement* sonne très péjoratif et n'est pas quelque chose dont nous sommes fiers. Je ne vais pas vous expliquer ici pourquoi nous jugeons, des spécialistes qualifiés peuvent très bien le faire. Ce dont je veux parler, c'est de l'impact que le jugement peut avoir sur nos relations.

Je serais curieuse de m'arrêter et de calculer le nombre de jugements que je peux porter par jour. Dès les premières secondes, je me fais une idée de la personne qui se tient devant moi. Je me fais souvent une opinion des gens simplement en les croisant, sachant très bien que je gagnerais à ne pas m'arrêter qu'à la façade. Malgré moi, je les classe selon mes premières impressions dans une petite boîte étiquetée. Difficile de savoir ce qui se cache réellement derrière cette fameuse première impression. À moins d'être curieuse et de poser des questions, dans l'intérêt de découvrir qui se cache derrière cette image.

Voir au-delà des apparences

S'intéresser à l'autre peut révéler bien des surprises et changer complètement l'idée que nous nous en étions faite. Derrière la femme assise au bar tous les vendredis soirs se cache peut-être quelqu'un pour qui l'heure de la maternité n'a jamais sonné et qui rêve de faire le souper à son mari et les lunchs de ses enfants. La serveuse au café du coin est peut-être une mère monoparentale en train de faire son barreau. L'homme d'affaires riche et puissant s'ennuie peut-être à mourir de ses enfants et aspire à une vie plus équilibrée. Le chauffeur de taxi est peut-être un père de famille et un éminent cardiologue dont le diplôme n'est pas reconnu ici. La femme qui marche en écrivant sur son cellulaire n'est peut-être pas une adepte des textos, mais une auteure en train de terminer son livre...

Voici mes préjugés favoris sur les mères et le mode de vie qu'elles choisissent :

- La femme qui travaille ne s'occupe pas de ses enfants.
- La femme au foyer est toujours en vacances.
- La mère qui travaille se sauve de la maison et déteste s'occuper de ses enfants.
- La mère au foyer passe ses journées au spa, chez le coiffeur et chez la manucuriste.
- La mère qui travaille est égoïste et ne pense qu'à son bonheur.
- La mère au foyer n'a pas d'ambitions.

Les faits sont plutôt :

- La femme au foyer n'est jamais en vacances! Ni le jour, ni la nuit, ni le week-end...
- La femme qui travaille non plus... on peut même dire qu'elle cumule deux emplois!
- Une mère au foyer travaille elle aussi et une mère qui travaille s'occupe également de son foyer.

J'ai vu dernièrement une vidéo sur YouTube. En la regardant, je me suis dit que si un jour je donnais des conférences sur le sujet, cette vidéo me servirait d'entrée en matière. Tout est démontré de façon claire et explicite.

Petite mise en contexte : plusieurs groupes de mères et quelques pères se retrouvent dans un parc et se mettent à porter des jugements les uns sur les autres. Les mères qui allaitent regardent de haut celles qui donnent le biberon. Les mères qui travaillent se demandent ce que les mères qui restent à la maison font toute la journée à part se faire faire les ongles. Les mères qui utilisent les couches lavables condamnent celles qui polluent l'environnement sans se créer de soucis avec les couches jetables. Les papas se font dire qu'ils gardent les enfants pendant que leur mère a pris une journée de congé. Et ça continue ainsi jusqu'à la toute fin, quand un incident met la vie d'un poupon en danger et que tout le monde se rallie pour sauver le bébé.

Quand il s'agit de la vie de nos enfants, tous les préjugés tombent. Pourquoi faut-il attendre un drame pour arriver à se rallier? Denise Noël, auteure, conférencière et intervenante en improrelations, écrit dans son blogue *Le cœur créateur... Libérez votre génie créateur et amoureux!* que les jugements nous en apprennent beaucoup sur nous-mêmes. « Ce qu'on ne réalise pas, c'est que le regard qu'on porte sur les autres est le même que celui qu'on porte sur soi. » [1]

Dès que je rencontre une personne, j'analyse son apparence, ses vêtements, son non-verbal. Ensuite, je la classe dans une catégorie, souvent sans même lui avoir parlé. Trop souvent, nous comparons leurs forces avec nos faiblesses. Déjà, nous partons perdantes lorsque nous agissons ainsi. Selon Denise Noël, en jugeant, on se met au-dessus ou en dessous de la personne. « Par le fait même, on est moins présent, moins vivant, on se bat contre soi-même, on ne se fait pas confiance, on a peur de s'exprimer librement et on se met de la pression pour avoir l'air parfait. » [2] À son avis, les jugements que l'on porte sur les autres nous révèlent les aspects de nous que nous brimons, rejetons, condamnons ou occultons. L'idée de se servir des jugements que l'on porte pour regarder ce que ça révèle de notre personnalité est vraiment très intéressante.

Par exemple, lorsque je vois une belle femme qui réussit, qui a de beaux enfants, qui semble toujours calme et pondérée avec eux, en contrôle, que ses enfants écoutent et qu'ils se comportent bien, je la classe dans la catégorie *fille trop parfaite*. Je la juge. Je ne la connais pas et je m'en fais une opinion. Je tombe dans le piège de la comparaison. Un piège sournois. J'entre alors en compétition avec la personne ou plutôt avec ce que je me représente d'elle. Pour la faire descendre du piédestal que je lui ai construit, j'essaie de lui trouver des défauts pour me convaincre qu'elle n'est finalement pas si parfaite qu'elle en a l'air. Je me place au-dessus après m'être placée en dessous!

J'ai longtemps agi ainsi, convaincue que si quelqu'un avait quelque chose de plus que moi, que ça m'enlevait nécessairement quelque chose. Ça faisait de moi quelqu'un de moins que l'autre et, comme je cherchais à prouver que j'étais la meilleure, ça brisait mon système. C'est énervant à la longue de pédaler pour prouver que je suis la meilleure, parce que forcément, je croise toujours sur mon chemin quelqu'un de mieux ou de pire que moi, c'est inévitable.

Malgré le fait que nous ayons plusieurs points en commun, nous avons le jugement facile les unes envers les autres, même si ça ne nous empêche pas de développer de très belles amitiés. Admettons-le, malgré tout, dans une file d'attente à l'épicerie, nous regardons le contenu du panier des autres, le nouveau tailleur de la collègue de bureau, la voiture que conduit le voisin, la grosseur des seins des femmes sur la plage…

Ce ne sont pas toujours des jugements méchants ou mesquins, parfois que des petits constats anodins, mais qui nous amènent à étiqueter les autres. Bien sûr, les hommes ne sont pas exclus de cette pratique répandue; disons simplement qu'ils en sont un peu moins adeptes.

Le premier jugement dont je suis victime quand les gens me rencontrent et qu'ils ne me connaissent pas, c'est quand je leur dis que je suis mère de quatre enfants. Ils ont tous la même réaction : « Tu n'as pas l'air d'une mère de quatre enfants! »

Ah non? Pouvez-vous me dire à quoi ressemble une mère de quatre enfants? Doit-elle avoir le brushing défait et sans maquillage parce qu'elle n'a pas le temps de prendre soin d'elle et au moins dix kilos en trop, cadeau de chacune de ses grossesses?

À première vue, je ne corresponds pas à l'image que se font les gens d'une mère de famille nombreuse. J'ai longtemps entretenu ce mythe de la vie parfaite, de la femme parfaite. C'est justement pour briser cette image que j'ai eu envie d'écrire ce livre. Une image qui m'éloigne de ce que je souhaite en réalité.

Je souhaite me définir autrement que par ce que je projette et l'effet que cette image a sur les autres. Je ne suis pas parfaite, mais j'essaie trop souvent de l'être. J'ai envie de me donner le droit de m'accepter telle que je suis! Je dois vous avouer que c'est mon plus gros démon! Celui qui me donne du fil à retordre, surtout avec mes enfants. Ils se chargent de me ramener à l'ordre et de me montrer le chemin de l'humilité.

Mon garçon de dix ans vit parfois des épisodes d'anxiété. C'est dans sa nature, c'est une facette de sa personnalité. Le fait que son père et moi sommes des perfectionnistes hyper performants n'a sûrement pas aidé sa cause... J'ai réalisé dernièrement que je n'acceptais pas son état. Chaque fois qu'un épisode de mal de ventre se présentait, j'avais tendance à me fâcher et à vouloir à tout prix trouver une solution pour que cesse ce comportement. Je pense que je le jugeais, jusqu'à ce que je me rende compte que je voulais qu'il soit parfait et qu'il entre dans le moule. Un enfant parfait nous fait bien paraître aux yeux des autres parents.

Un enfant parfait est comme un trophée qu'on exhibe fièrement. Mon fils m'a fait prendre conscience qu'en n'acceptant pas cet aspect de lui, c'est lui tout entier que je rejetais. Au lieu de voir son défi comme une toute petite facette de sa personnalité, je le voyais comme un tout qui le définissait. Accepter ce trait de sa personnalité, c'est lui donner une chance de trouver des outils pour apprivoiser son anxiété et apprendre à mieux la gérer.

Ce n'est pas facile du fait que moi aussi je vis de l'anxiété à l'occasion. Avec lui, je suis forcée de m'ouvrir à cette anxiété que j'aimerais mieux cacher parfois. J'aimerais mieux montrer à mes enfants que je suis en contrôle. Que je gère parfaitement la situation... Ce n'est pas toujours le cas! Il m'arrive de perdre les pédales donc, le contrôle. Avec de l'aide, au fil des années et des enfants qui se sont ajoutés, j'ai appris à mieux accepter que parfois je n'ai pas du tout la situation en mains. Quatre enfants, quatre façons différentes d'agir et de se comporter. Chacun d'eux à sa façon me fait travailler sur mes démons!

Je parle ici de jugement, mais je pourrais tout aussi bien parler de comparaison. C'est souvent quand je me compare à dautres que je me place dans une situation inconfortable en me retrouvant inévitablement soit au-dessus, soit en dessous d'eux. Je ne me sens alors pas à la hauteur et je me mets à vouloir faire plus, être plus. C'est épuisant!

Si je prends par exemple mon choix de ralentir sur le plan professionnel avec l'arrivée des enfants, mon choix est pourtant clair, mais quand je me compare aux autres femmes autour de moi qui ont du succès au travail, je me sens moins valorisée. C'est la comparaison qui m'empêche de jouir pleinement du choix que j'ai fait et, par le fait même, de l'assumer.

CHAPITRE

4

Mère Supérieure

C'est par nos failles que l'amour entre.

— Denise Noël

La petite voix

Nous sommes presque rendus à mi-parcours, il est temps que je vous parle de façon plus détaillée de cette dualité qui m'habite et m'empêche parfois de jouir pleinement des choix que je fais.

Avez-vous, comme moi, une petite voix à l'intérieur de vous qui est présente matin, midi et soir? Une petite voix, pas toujours gentille et douce, qui vous crée des peurs, vous crie des noms et va même jusqu'à vous dire quoi faire quand ce n'est pas du tout la direction que vous voulez prendre.

La voix tient des discours différents selon l'individu chez qui elle habite. La mienne peut parfois me faire des peurs quant à ce qui pourrait m'arriver dans certaines situations auxquelles je suis confrontée, ou encore me diminuer et me faire perdre toute confiance en moi face à une difficulté ou un défi. Je l'ai baptisée affectueusement, Mère Supérieure.

Elle sait tout, connaît tout et veut prouver au reste du monde qu'elle est effectivement supérieure. Attention, elle est très compétitive et si elle ne peut pas être la meilleure, alors elle devient la pire et se traite de tous les noms en se tapant sur la tête. J'ai eu besoin d'aide pour la nommer et la personnifier. J'ai encore besoin d'aide pour la démasquer et voir quelle partie en moi réagit et pour quelle raison quand elle se manifeste. Ce qu'elle fait souvent.

Je l'entends quand je hausse le ton avec mes enfants. Dans ces cas-là, elle me crie des noms, elle me dit que je ne suis pas une bonne mère, que je manque de patience, que je ne suis pas un bon exemple pour eux. Avec de l'aide, j'ai appris à l'écouter et à la percevoir pour ce qu'elle est vraiment : une petite voix sournoise qui ne me veut pas toujours du bien.

Est-ce que je me trompe ou nous sommes plusieurs à entendre une petite voix? Appelez-la comme vous voudrez, le résultat est le même : nous nous retrouvons coincés et inconfortables, pris entre deux entités au centre d'une dualité. Quand elle se fait entendre, j'ai l'impression de ne pas avoir le contrôle de mes émotions et encore moins, de ma vie. Je subis les événements plutôt que de les vivre. Ma Mère Supérieure est cette partie de moi qui est convaincue qu'elle a compris ce que personne ne comprendra jamais. Celle qui pense être une personne plus évoluée, une mère plus dévouée et qui voudrait que le monde entier s'en aperçoive et la reconnaisse. Un être suprême qui regarde les gens du haut de sa tour d'ivoire, mais qui se sent aussi tellement seul, là-haut...

Pendant des années je me suis questionnée, encadrée de façon bienveillante afin de comprendre la complexité et la nature de cette dualité qui m'habite. Mes enfants ont été l'élément déclencheur de mon désir de changement. Les enfants sont des miroirs grossissants de nos failles. Ils font ressortir nos pires défauts et les amplifient à la puissance dix! Devant eux, impossible de faire semblant. Je me suis débattue. Je ne voulais pas perdre la bataille. C'est Mère Supérieure qui voulait garder le contrôle. J'ai été obligée de regarder des aspects de moi dont je n'étais pas très fière.

L'expression le dit bien : « La pomme ne tombe pas loin de l'arbre.» Des traits de caractère qui nous déplaisent sont transmis comme par enchantement chez l'un ou l'autre de nos enfants. Ceux-ci deviennent des petits guides spirituels qui nous font avancer et changer certaines choses que nous avions plus ou moins volontairement mises de côté. Ma Mère Supérieure refuse d'être confrontée à la réalité que ce qu'elle essaie de prouver depuis des années ne fonctionne pas! Avec l'arrivée des enfants, elle s'est sentie menacée et a parfois redoublé d'ardeur pour ne pas avoir à rendre les armes.

Chacun à leur manière, les enfants m'ont ouvert les yeux quant aux effets néfastes de cette petite voix intérieure. L'aîné de mes enfants, par exemple, est très demandant. Son grand besoin des autres et d'amour m'a placée en face de mon propre besoin que je refusais d'accepter. C'était un défi de taille! Je suis plutôt du genre à dire que je suis capable toute seule et que je vais prouver que je n'ai besoin de personne.

Mon agacement face à son besoin insatiable m'a fait prendre conscience que je refusais d'accepter le mien. J'ai encore de la difficulté à montrer aux autres que je ne peux pas y arriver toute seule. Au fil du temps, heureusement, Mère Supérieure perd un peu de terrain. Ça me permet d'apprendre à m'ouvrir aux autres et à leur montrer que j'ai besoin d'eux. Or, si Mère Supérieure est au poste dans sa tour, impossible que j'y arrive.

Voici un exemple de ce dont est capable Mère Supérieure. En me levant le matin, je vais dans la chambre de mes filles. Avant d'aller préparer le petit déjeuner, je demande à l'une d'elles de choisir ses vêtements. Elle accepte et commence à regarder ce qu'elle pourrait choisir. Debout à côté d'elle, je m'impatiente, je lui suggère quelques options qu'elle rejette aussitôt. Je me fâche et lui dis de laisser tomber, que nous le ferons plus tard. Elle n'est pas contente et ne comprend pas du tout pourquoi je semble fâchée contre elle.

À ce moment, je m'arrête. Pourquoi suis-je fâchée contre elle? Elle fait exactement ce que je lui ai demandé, mais pas au rythme souhaité. Mère Supérieure veut que tout roule comme sur des roulettes et que ses enfants écoutent au doigt et à l'œil. Mère Supérieure aime montrer aux gens qu'elle est incroyable en réussissant l'exploit de préparer quatre enfants sans aide, avant 7 h 30 le matin.

Même en écrivant ce livre, je me suis souvent demandé si Mère Supérieure avait la prétention de vouloir montrer qu'elle a compris quelque chose que peu de gens ont compris. Est-ce que je veux écrire pour prouver que j'ai trouvé LA méthode qui fonctionne? Que je détiens LA vérité? Est-ce que je veux écrire simplement pour me désennuyer et donner un sens à ma vie de mère de quatre enfants qui passe beaucoup de temps à la maison avec eux? Quelle est ma véritable intention? Celle qui fait que je m'accroche à ce projet même dans les moments les plus difficiles? Je crois que c'est un heureux mélange! Mes motivations ont changé au fur et à mesure que le projet a pris forme. Au début, je le faisais un peu pour me donner de l'importance. Je me suis rapidement rendu compte qu'il est impossible d'écrire deux cents pages à partir d'une telle intention. Quelque soit le sujet traité, on s'essouffle vite et on bloque.

C'est certain que quand Mère Supérieure met son nez partout, je n'arrive à rien de très productif. Encore une fois, avec de l'aide, j'ai réussi à percevoir le sabotage qu'opère Mère Supérieure en moi et c'est ce qui m'a permis de constater à quel point je fais souvent les choses avec le désir de me prouver. J'ai continué en essayant d'avancer dans la simplicité jusqu'à ce qu'elle se pointe de nouveau! Je vous l'ai dit, c'est une fouine, elle met son nez partout! Par essais et erreurs, j'ai tenté d'écrire pour le plaisir de le faire et le bonheur que j'en retire, sans rien vouloir prouver à quiconque. Facile à dire, difficile à faire! Ce combat, il revient souvent parce qu'une partie de moi refuse de lâcher le morceau et veut encore prouver, à l'occasion, qu'elle est la meilleure.

Cette partie de moi me limite et me freine dans mes relations avec les autres. Elle m'isole. Elle est présente dans mes interactions et elle teinte ma façon de réagir aux gens et aux événements. Je me compare, j'entre en compétition, je boude, je me retire volontairement d'une discussion ou d'une situation. Ma première réaction lorsque j'agis de cette façon, c'est souvent de me taper sur la tête et de m'en vouloir, mais ça ne sert à rien. Elle produit donc l'effet inverse. Le désir de contrôler, l'envie, la compétition, la recherche de perfection, le besoin de me sentir au-dessus de la mêlée sont tous des signes indicateurs que Mère Supérieure est au poste.

Toujours plus, jamais assez

Je vous l'ai dit, n'est-ce pas, j'ai longtemps couru après la médaille de la mère parfaite. Bon, je l'avoue, c'est le trophée que je visais, rien de moins! Avec tous ces livres sur le marché qui expliquent comment devenir le parent idéal, Mère Supérieure avait la certitude d'y arriver! Je me suis mise à lire sur tous les sujets : le sommeil, les coliques, la propreté, les purées, les activités, la nourriture bio…

Avec les chroniques que je faisais à *Salut Bonjour*, j'avais accès à toutes sortes de nouveautés et d'informations qui me permettaient d'être vraiment à l'affût dans le domaine du parentage. Je suis tombée dans le piège de vouloir tout faire parfaitement. Au lieu du trophée tant convoité, j'ai eu droit à une bonne dose de pression au quotidien. Ce que mon entourage m'a aidée à voir dans ma course à la perfection, c'est que je passais à côté de l'essentiel : me donner le droit à l'erreur.

J'étais au chalet un été et j'étendais des vêtements sur la corde à linge. J'adore le faire, je me sens bien, libre et tellement zen. En quoi ce simple geste me procure-t-il autant de bonheur? C'est le mot *permission* qui me vient à l'esprit en premier. En faisant un geste aussi simple, je me donne la permission de n'avoir que cela à faire et à penser. Je n'ai pas besoin d'être bonne! Le temps s'arrête. Je ne sens aucune pression et j'en retire le plus grand bien.

Je ressens la même chose en cueillant des bleuets. La même sensation de bien-être liée au fait de se laisser aller complètement dans une tâche, sans réfléchir et sans attendre un résultat. Simplement faire pour le plaisir de faire, sans rien attendre en retour. Ça me libère! Aucun danger que Mère Supérieure se pointe le bout du nez, il n'y a pas de compétition ni d'enjeux à prouver quoi que ce soit!

Et si je passais à côté de quelque chose?

Je viens de visionner un film qui m'a profondément marquée : *The Hours*. C'est l'histoire de trois femmes dont les destins sont interreliés dans un roman de l'œuvre de Virginia Wolfe. Un même sentiment profond anime l'auteure, son héroïne et les deux autres femmes qui vivent à des époques différentes et qui ne se croiseront jamais. Je n'arrive pas à me remettre de mes émotions ni à me détacher de la tristesse que ce film a éveillée en moi.

Premièrement, les quatre actrices sont des femmes que j'admire énormément : Julianne Moore, Nicole Kidman, Meryl Streep et Claire Danes. Des femmes au talent remarquable. De grandes actrices et fort probablement de grandes femmes. Et que dire de la femme dont le film s'inspire, Virginia Wolfe? Une auteure tourmentée, avant-gardiste, qui a vécu une vie qui ne correspondait pas à sa vérité. C'est justement ce détail qui vient autant me chercher. Et si je passais à côté de ma vie?

Mère Supérieure est toujours là pour me rappeler que je dois prouver ma valeur en faisant quelque chose de grandiose, de reconnaissable, de notable. Je dois gagner des trophées, des médailles, de l'argent, beaucoup d'argent pour prouver que je vaux la peine d'être aimée, c'est du moins ce qu'elle me fait croire. D'où la présence de cette dualité en moi. Je me sens déchirée entre écouter mon cœur en prenant le temps d'être avec mes enfants et l'autre partie de moi qui recherche l'approbation externe à travers ce qu'elle fait.

En présence de Mère Supérieure, je ne suis pas libre de mes choix. Mon bonheur dépend du regard des autres, de ce qu'ils vont penser. Pour Mère Supérieure, il est hors de question de ne pas faire l'unanimité. Elle refuse de décevoir et de risquer d'être rejetée. Elle préfère rejeter plutôt que de l'être. Il m'a fallu du temps avant de faire ce constat.

Comment fait-on pour vivre une vie épanouie, sans regrets et à la hauteur de ses attentes quand on est parent? Dans The Hours, ces quatre femmes aux destins tragiques ont vécu une vie qui n'était pas la leur. Des femmes qui n'ont pas fait des choix en toute liberté. Des femmes qui ont marqué négativement le destin de ceux qui les entouraient en essayant de se prouver, en entrant dans un moule qui n'était pas le leur. Elles ont tenté de se convaincre qu'elles étaient là où elles devaient être sans écouter leurs convictions profondes.

Est-ce que je perds mon temps en voulant absolument avoir des certitudes dans ma vie? J'imagine que la réponse est affirmative! Je dois accepter de me tromper. Peu importe ce que la vie me présente. Une femme formidable que j'adore ne cesse de me répéter depuis des années que c'est possible de faire du beau et du bon avec ce qui est là, présent en ce moment.

Le cadeau est parfois tellement bien emballé que nous ne le voyons pas, mais ça vaut la peine de chercher et de ne jamais cesser de croire qu'il y a effectivement un cadeau caché dans chaque situation que nous vivons.

CHAPITRE

5

Un choix qui divise

« Ce n'est pas le vent qui décide de votre destination,
c'est l'orientation que vous donnez à votre voile.
Le vent est pareil pour tous. »

— Jim Rohn

Les étiquettes

Dans le livre *Le conflit : la femme et la mère,* l'auteure Elisabeth Badinter soutient que les femmes ont aujourd'hui trois possibilités quant à la maternité : adhérer, refuser ou négocier. Selon l'auteure, ce sont ces choix possibles qui divisent les femmes et les éloignent les unes des autres, de par leurs intérêts divergents.[1]

C'est une idée intéressante qui porte à réflexion... Les femmes, en étant déchirées et séparées par les choix qu'elles font, peuvent difficilement être solidaires et ramer dans le même sens. Surtout que deux de ces choix soit adhérer ou refuser, sont diamétralement opposés. Comment peut-on espérer former un groupe soudé lorsque le jugement et surtout les comparaisons s'en mêlent?

Je trouve cette théorie très intéressante. En classant les femmes dans des catégories, selon le mode de vie qu'elles ont choisi, c'est un danger de tomber dans la comparaison. La culpabilité aidant, des clans se forment et c'est là qu'au lieu d'être unies dans une même quête, nous nous retrouvons divisées en petits groupes à vouloir prouver qui a tort et qui a raison. En nous servant des forces de chacune et en réunissant tout ce savoir, ne serions-nous pas d'autant plus fortes?

À la base, nous sommes des femmes et c'est là que nous nous rejoignons. Nous ne choisissons pas toutes d'enfanter. Nous ne pouvons pas toutes être des femmes au foyer, pas plus que nous ne pouvons toutes être des chefs d'entreprise. Il y a tellement de facteurs à considérer quand vient le temps d'opter pour un mode de vie qu'il est quasi impossible de toutes se retrouver dans le même panier.

Nos préoccupations se ressemblent, mais notre façon de les aborder est différente selon la situation. Ne devrions-nous pas être des sources d'inspiration les unes pour les autres? Il est rassurant d'avoir le sentiment que nous ne sommes pas toutes seules à vivre ce que nous vivons, peu importe notre situation.

Dans ce même livre, *Le conflit : la femme et la mère,* Badinter cite Neil Gilbert, pour qui il existe quatre types de modèles de vie féminins qu'il classe selon l'importance accordée au travail et à la famille. Les femmes qui comptent plusieurs enfants, c'est-à-dire trois ou plus, se classent parmi les *traditionnelles,* ce que je pense être, mais que j'ai longtemps refusé d'assumer totalement en partie à cause du carcan réducteur qu'il suppose.

Ces femmes trouvent leur épanouissement dans l'éducation de leurs enfants et la gestion de leur maison. Le fait que la société ne glorifie pas ce mode de vie restreint le nombre de celles qui y adhèrent. C'est d'ailleurs peut-être une des raisons qui font que les gens ont de moins en moins d'enfants. Il va de soi que plus une femme a d'enfants, moins c'est bien vu de travailler à l'extérieur de la maison. Mais qu'en est-il de nos passions? De nos ambitions? Parce que nous choisissons d'avoir plusieurs enfants, nous sommes automatiquement classées dans la catégorie ménagère.

Une courtière en immobilier me confiait qu'il lui arrive souvent d'éprouver un malaise lorsque pour les besoins d'une enquête de crédit, elle doit remplir un formulaire et inscrire la profession ou le titre des acheteurs. Dans les cas où la femme n'occupe pas d'emploi à l'extérieur de la maison, que doit-elle écrire dans cette case? Femme au foyer, ménagère, fée du logis? C'est certain que c'est beaucoup plus facile et explicite d'inscrire infirmière, avocate, secrétaire juridique, caissière.

Nous fonctionnons beaucoup avec des titres et ils sont ce qui nous définissent. C'est d'ailleurs une des premières questions que l'on pose à quelqu'un que l'on rencontre pour la première fois. « Que fais-tu dans la vie? » Je me rappelle une fois, avoir répondu à cette question en disant : « Je fais de beaux enfants! » Disons que j'ai pris la personne par surprise, elle ne s'attendait pas à une telle réponse!

À l'opposé des tradtionnelles, on retrouve les *postmodernes,* les femmes sans enfants qui consacrent leur vie à leur carrière. Selon Neil Gilbert, l'épanouissement de ces femmes passe inévitablement par leur carrière et leur niveau de réussite. Encore là, ces femmes sont victimes d'un énorme jugement social en pouvant peut-être passer pour des égoïstes égocentriques. Ce qu'elles ne sont pas. C'est un choix. La majorité des femmes que je connais qui ont fait ce choix l'assument totalement. Une amie qui n'a pas d'enfants me dit souvent à la blague que parce qu'elle n'en a pas, elle fait partie de celles qui ont été épargnées! Il m'arrive de la croire...

Viennent ensuite les *néo-traditionnelles* et les *modernes,* les mères de deux enfants qui tentent par tous les moyens de trouver l'équilibre entre le travail et la famille. Qu'est-ce qui les distingue? Les modernes se concentrent sur leur carrière, tandis que les néo-traditionnelles mettent la priorité sur la famille[1]. Ces deux derniers groupes sont devenus la norme, la référence dans notre société. Les femmes qui se retrouvent dans l'une ou l'autre de ces catégories ne se font pas trop poser de questions. Leur mode de vie est approuvé par la masse et il est normalisé.

Il serait intéressant que nous puissions voir au-delà de ce fameux titre et définir la personne à partir de qui elle est et non de ce qu'elle fait dans la vie. En choisissant de me retirer de l'arène pour me consacrer à ma famille, je fais pâlir la lumière de mon statut social, mais mon rôle dans la société est tout aussi important que si je continuais à animer des émissions de télévision. J'apprends avec mes enfants autant sinon plus que dans n'importe quel des métiers de la terre. Le sens de l'empathie, le partage, la movation, la patience, l'organisation font partie du quotidien d'une mère ou d'un père. Ce travail vient en plus avec le bonus de voir la vie à travers les yeux d'un enfant!

Comment sommes-nous passés d'une société où les femmes restaient à la maison pour prendre soin de la famille à une société où les enfants passent plus de temps à l'extérieur de la maison qu'à l'intérieur, et ce, dès l'âge de un ou deux ans? Voilà que je me retrouve dans le jugement! Celle qui juge, c'est la partie en moi qui s'ennuie parfois. La partie ambitieuse, compétitive qui aime triompher et impressionner. Je me lasse de répéter les mêmes choses. Les conflits de mes enfants finissent par m'exaspérer. Je rêve d'être épargnée de la corvée des devoirs et des leçons et d'être exemptée de leur faire prendre un bain de temps à autre.

Une amie avocate me confiait qu'elle n'a jamais eu d'aide à la maison parce qu'il lui aurait été trop facile de se sauver à toute vitesse de ces moments redondants et parfois, disons-le, monotones de la vie familiale. Sans aide, elle était forcée de rentrer tous les soirs à la maison pour s'occuper des corvées.

La vraie question, je pense, est de savoir comment en sommes-nous venus à glorifier ce mode de vie au détriment d'un autre? Faisons-nous des enfants dans un désir de performance, poussés par un sentiment d'égoïsme de nous reproduire et de nous perpétuer? Parce que ça paraît bien? Parce qu'après les diplômes, le mariage, la maison et le travail, c'est la suite logique et toute indiquée pour entrer dans le moule de la réussite sociale?

Pourquoi, dans le débat public sur la place des femmes dans les hautes sphères de la société, les enfants ne font-ils pas vraiment partie de l'équation? Ils semblent être nombreux à présumer que la majorité des femmes devraient vouloir des postes de cadres ou d'influence et que si elles n'y accèdent pas, c'est par manque d'ambition, de confiance ou qu'on ne leur laisse pas la place. Et si c'était simplement parce que nous avons d'autres priorités?

Est-ce que j'aurais aimé réaliser de grandes choses et avoir plus de projets? Oui! Chaque semaine, je me vois fonder une nouvelle entreprise, j'ai une idée d'émission de télévision ou de livre à écrire. Pourquoi est-ce que je ne les fais pas? Par manque de temps? Sûrement que ce facteur vient jouer dans la balance. Est-ce que je me sers de mes enfants pour justifier le fait que je ne vais pas au bout de mes rêves? Parfois oui, ça fait un peu mon affaire! Suis-je paresseuse, sans ambition, dépourvue de motivation? Je ne le crois pas. Ce que je retiens, c'est que peu importe le choix que je fais, il y a un prix à payer.

Le besoin de se prouver

Discrète, dévouée, aimante, présente, de bien belles qualités, mais qui ne sont plus très tendance et, pourtant, c'est ce qu'il faut pour être une mère. Une mère n'a que peu ou pas, de reconnaissance. Elle n'est pas payée, on ne lui décerne ni trophées, ni médailles. Elle n'a pas besoin de diplômes pour obtenir le poste et les promotions sont rares dans ce domaine!

Au moment où la décision de faire des enfants se prend, la femme se retrouve inévitablement face à des choix déchirants. Apprendre à vivre avec ces choix, les assumer, aucune école n'offre un tel programme. Ils ne s'apprennent pas, ils se vivent!

Je viens d'une famille où aller à l'école et obtenir un diplôme universitaire n'était pas une option. C'était le parcours standard et il allait de soi de s'adapter à ce programme. Tout au long de mon adolescence, tous les rêves étaient permis. Tout était dans le domaine du possible, à condition d'y mettre les efforts et d'avoir la volonté d'y arriver. Je me suis mise à faire des plans de carrière, à avoir des projets et de grandes ambitions. Je visais haut, très haut. Je me suis mise une certaine pression pour être à la hauteur. J'ai commencé une carrière à la télévision, j'ai fait de la radio, j'ai quitté Québec, une ville devenue trop petite pour mes grands projets et je me suis installée dans la grande ville de Montréal, où tous les rêves étaient réalisables.

Jamais personne ne m'a prévenue que le jour où je voudrais fonder une famille, je ferais face à un dilemme. Qu'il faudrait que je mette ces rêves de côté à tout le moins temporairement, sinon définitivement.

J'avais grandi avec le désir de prouver que j'étais capable de grandes choses. Fonder une famille et avoir des enfants ne faisaient pas nécessairement partie de l'équation. Comment allais-je pouvoir continuer de me prouver si je devais prendre une pause et revoir mes projets de carrière? Relever des défis personnels, me dépasser, sortir de ma zone de confort, toujours dans le but d'évoluer, de devenir une meilleure personne, c'est légitime et tout à fait louable. Si ce désir est momentanément projeté sur les autres et se transforme en désir de supériorité, d'être meilleure, c'est là que ce grand projet de vie devient malsain et contraignant.

C'est un peu le piège dans lequel je suis tombée. C'est pour cette raison que je me suis sentie étouffée avec l'arrivée des enfants. J'avais le sentiment qu'ils me ralentissaient dans mon désir de me prouver sur le plan professionnel. Je suis tombée dans le piège et j'ai projeté cette volonté de me prouver sur eux en voulant devenir une mère parfaite.

Dans une entrevue accordée à Olivia Lévy dans *La Presse*, Annie Cloutier, doctorante en sociologie à l'Université Laval et auteure d'*Aimer, materner, jubiler*, a énoncé : « Dans une société comme la nôtre, le paradoxe, c'est que tout le monde doit se réaliser soi-même sans que personne ne nous dise quoi faire... mais on souhaite la reconnaissance des autres. Chacun essaie d'inventer sa vie, mais quand le choix que tu fais n'est pas reconnu dans la société, ça devient difficile parfois d'assumer. Surtout quand les mères au foyer sont perçues comme un modèle à rejeter. »[2]

Quand je rencontre des gens pour la première fois, je fais face à deux jugements possibles par rapport à mon choix de vie. La première question le plus souvent posée par des femmes est : « Toi, Isabelle, où travailles-tu? Que fais-tu dans la vie? » Faut-il absolument avoir un titre pour être intéressante aux yeux des gens? Le rôle d'une mère n'est pas dans la sphère publique, il se joue dans l'ombre...

Il faut beaucoup d'humilité pour se *satisfaire* de ce statut! C'est certain qu'une personne qui passe plus de temps à la maison qu'à l'extérieur peut sembler avoir moins de choses passionnantes à raconter à la fin de sa journée. Changer des couches, gérer des disputes et mettre le compteur du taxi en marche entre deux activités, rien de cela n'est très prestigieux.

Une amie me confiait ouvertement l'autre jour qu'elle trouvait particulièrement ennuyeuses et insipides les femmes qui restent à la maison. Selon elle, la discussion tourne autour des mêmes sujets de conversation : le corps, l'entraînement, les enfants et les cafés entre copines. Elle se fait un devoir de mettre en garde toutes ses amies qui font ce choix d'arrêter de travailler. Des jugements comme ceux-là entretiennent des mythes qui sont en partie faux et ils amplifient la notion de petits clans qui divisent les femmes.

L'autre question qui n'en est pas tout à fait une : « Tu ne dois sûrement pas travailler!» Si je vous dis que je travaille, vous allez me condamner et me traîner sur la place publique parce que je néglige ma progéniture? Ou alors vous allez me coller l'étiquette de *superwoman* parce que je suis tellement géniale de réussir à harmoniser les deux! C'est trop lourd à porter. Je ne peux pas tout faire, encore moins réussir partout!

On dirait que d'avoir deux ou trois enfants donne encore le droit aux femmes de penser à mener une carrière à l'extérieur de la maison, car c'est accepté socialement. Dès que vous franchissez ce cap et que votre progéniture devient plus nombreuse, quatre, cinq ou six enfants, alors là votre choix est clair : vous vouliez des enfants, ne pensez pas avoir une carrière, on vous a classée dans la catégorie *ménagère*, la *fée* du logis.

J'ai fait un choix qui s'est un peu imposé de lui-même : avoir des enfants, mettre un frein à ma carrière pour rester avec eux et soutenir mon conjoint dans ce qu'il entreprend en compensant pour les heures où il n'est pas là! Tout cela s'est fait de façon naturelle. Je suis passée d'une chronique par semaine à l'émission matinale *Salut Bonjour*, à une chronique aux deux semaines à l'arrivée du deuxième, puis à une chronique aux trois semaines avec la venue des bébés numéro trois et quatre.

Au fond de moi, je suis convaincue que c'est la bonne chose pour mes enfants, pour moi et pour ma famille. Je suis contente et chanceuse de pouvoir continuer de m'épanouir à l'extérieur de la maison avec un horaire aussi flexible. Ce que je n'accepte pas toujours, c'est le regard des autres quant à mon choix. Il est possible que ce soit dans ma tête que ça se passe, que je me fasse des idées, que ce soit moi qui ne reconnaisse pas l'importance du choix que j'ai fait.

Parfois, j'ai l'impression qu'il est répandu de penser que la vraie vie est celle qui est rémunérée, celle des réunions des membres du personnel et des réunions de la direction, des chiffres de vente, de la croissance d'entreprise, bref celle qui se monnaie, se calcule, se chiffre. Si ce n'est pas ça la vraie vie, alors je pense qu'on y accorde beaucoup de valeur et d'importance.

Il est vrai que pour arriver à joindre les deux bouts, la majorité des familles doivent absolument compter sur deux salaires à temps plein. Si le contraire était possible, je me demande quel serait le choix des femmes qui ont des enfants d'âge pré-scolaire.

L'auteure du livre *Mama : Love, Motherhood and Revolution* », Antonella Gambotto-Burke expliquait dans une entrevue accordée à Sarah Hampson du journal *Globe and*

Mail qu'à son avis, bon nombre de femmes auraient un apport plus important à notre monde en tant que mères à temps plein des générations futures qu'elles ne pourraient penser le faire en écrivant des textes de publicité pour vendre de la gomme à mâcher ou d'autres produits de consommation (sa première carrière).[3] Il va sans dire que madame Gambotto-Burke accorde une grande importance à la mère dans les soins prodigués à l'enfant, c'est d'ailleurs tout le propos de son livre.

L'article fait également valoir que si nous arrêtions de voir ce mode de vie comme un choix de dernier recours pas très ambitieux, peu importe la personne qui le fait, hommes et femmes confondus, il serait alors plus facile de se rapprocher de la fameuse équité des genres tant convoitée. Il vaut la peine d'y réfléchir.

Quand j'ai choisi d'avoir des enfants à trente-deux ans, ma carrière était au beau fixe, je n'avais pas de grands projets en vue et je me suis dit que c'était probablement le moment idéal de fonder une famille. Avoir un enfant à ce moment précis me fournissait aussi une bonne excuse pour être un peu moins active professionnellement. Bizarrement, c'est exactement à ce moment que je me suis fait offrir la chronique famille à *Salut Bonjour* et c'est aussi à ce moment que ma carrière a en quelque sorte pris son envol. Tout compte fait, c'était peut-être le moment idéal, s'il y en a un!

Vous connaissez l'expression qui dit qu'il n'y a pas de hasard? C'est une façon de dire que rien n'arrive pour rien dans la vie. Tout est là pour une raison, mais c'est souvent plus tard, beaucoup plus tard, que cette vérité nous apparaît comme une évidence. Avec le recul, nous réalisons que ce qui est arrivé, que ce soit bon ou moins bon, devait arriver pour nous conduire là où nous sommes aujourd'hui.

Alors que j'étais enceinte de mon deuxième bébé, ma sœur, qui venait d'accoucher de son deuxième garçon, est venue me voir avec une idée. Elle avait reçu en cadeau un foulard-bavoir d'une amie de la Suisse et, comme elle l'adorait et aurait voulu en acheter d'autres et, n'en trouvant pas au Québec, elle m'a proposé d'en fabriquer et de les distribuer. J'ai sauté à pieds joints dans l'aventure.

C'est ainsi que l'entreprise Glup est née. J'avais tellement peur de m'ennuyer pendant mon congé de maternité que l'idée d'être occupée en démarrant une entreprise m'a semblé très attrayante. Je pouvais ainsi, à mon rythme, m'occuper de mes enfants et me donner une certaine importance, n'étant plus *simplement* une mère à la maison.

J'ai rapidement constaté que de bâtir une entreprise en ayant quatre jeunes enfants à la maison relevait de l'exploit. Je faisais mon possible pour aider ma sœur et la soutenir, mais j'ai dû me rendre à l'évidence que je n'étais pas à la hauteur de la tâche. D'un commun accord, je lui ai vendu mes parts et nous avons ainsi conservé notre relation de sœurs intacte. En me libérant de cette pression, je me suis consacrée à ce qui était important pour moi dans le moment présent. Ce choix a été déchirant et je dois avouer que l'entrepreneurship me manque parfois.

Tous les jours, j'ai plusieurs choix à faire : quoi manger, comment m'habiller, où aller en vacances, qui inviter à souper, quelle école choisir pour les enfants; la liste est très longue. Avoir des enfants est un des choix les plus importants que j'ai fait à cause de son impact sur toutes les sphères de ma vie. En tant que femmes, ce choix est d'autant plus important parce qu'il est déterminant de notre avenir. C'est une véritable torture au quotidien que d'avoir à choisir entre soi, son couple, ses enfants.

Au début de mon processus d'écriture, j'avais envie de crier très fort que les femmes qui choisissent de poursuivre leur carrière et de gravir les échelons après avoir eu des enfants font fausse route. J'étais persuadée que celles qui faisaient le choix de ralentir étaient perçues comme des femmes sans ambition.

À force de me questionner, de parler avec mon entourage et de rencontrer de nombreuses femmes extraordinaires dont les parcours étaient très différents les uns des autres, je me suis rendue à l'évidence qu'il n'y avait pas de bon ni de mauvais choix. Sans le savoir, ces femmes m'ont fait un énorme cadeau. Elles m'ont permis de me réconcilier avec mon choix, de mieux l'assumer et d'accepter le choix des autres avec le plus grand des respects.

Les risques du métier

Selon Guylaine Deschênes, psychologue industrielle et auteure de *L'art de concilier le travail et la vie personnelle* : « La conciliation est devenue plus difficile à cause de la course à la performance et à la perfection, qui est encore plus intense qu'avant.

On veut tout faire, tout réussir, tout ça en ayant l'air zen. Nos enfants sont bilingues, on a un demi-marathon derrière la cravate, on siège au comité de parents, on sait cuisiner le quinoa de quinze façons différentes, on vient d'accepter une promotion, on s'occupe régulièrement de notre mère sur le déclin et, bien entendu, on se garde un peu de temps pour son couple "parce que c'est essentiel"! »

Et tout ça pour quelle raison? Parce que ça nous rend heureuses ou bien parce que tout le monde le fait et qu'on a l'impression que c'est ce qu'on attend de nous? »[4]

La pression sociale est très forte. Le syndrome du voisin gonflable est omniprésent. Ma copine a inscrit ses enfants à des cours de musique, tout de suite je me demande si je ne devrais pas inscrire les miens. L'ami de mon fils va à la bibliothèque toutes les semaines, je me questionne sur le nombre de périodes de lecture que j'impose aux enfants. C'est inévitable, nous passons beaucoup de temps à comparer nos agissements et nos progénitures.

Nous sommes obsédés par l'idée de donner ce qu'il y a de mieux à nos enfants. Prenez simplement l'exemple des fêtes d'enfants, qui ont pris des proportions démesurées. On est loin des chandelles soufflées sur un gâteau et des jeux de groupe. De nos jours, les idées originales et coûteuses ne manquent pas : zoo à domicile, ateliers de chocolats, spa maison, escalade, karting, nommez-les! Dans quel but fait-on ça? Est-ce vraiment important et nécessaire? Quelles sont les valeurs que je véhicule en emboîtant le pas et à toujours en faire plus et en donner plus?

Je tiens à souligner l'audace de Julie Marcotte, professeure, blogueuse et auteure quand elle parle de son choix dans son blogue : « Longtemps, j'ai voulu croire et déclarer que je n'avais pas eu le choix. Qu'être une mère à la maison n'était pas à notre portée financièrement. Mais j'ai menti. La vérité, c'est que je n'ai pas eu la force de sacrifier. Sacrifier un poste dans mon école de rêve que je n'aurais sans doute jamais retrouvé. Sacrifier cette maison que nous n'aurions pas pu acheter. Sacrifier ma modeste garde-robe et quelques belles escapades. Sacrifier le monde des adultes pour plonger, tête baissée, dans celui des enfants à temps plein. Sacrifier la reconnaissance sociale et la valorisation d'une profession. La vérité, c'est que j'ai choisi! J'ai choisi cette vie qui va vite et qui m'entraîne avec elle. J'ai choisi mon métier comme une réelle vocation. J'ai embrassé le rythme effréné d'une vie débordante. Et j'ai embarqué dans ma danse avec un mari et trois beaux enfants. »[5]

Je la cite parce que je trouve ce choix tout aussi valable que le mien, car il est assumé. C'est ce qu'elle souhaite et désire du plus profond de son cœur. J'admire son aplomb. Je la trouve belle dans sa vérité. Elle incarne son choix et fait en sorte que personne ne subisse quoi que ce soit. L'image de sa danse est forte et très révélatrice.

J'aime comparer le choix des femmes à une danse; chacune a son rythme et les goûts ne se discutent pas. Une danse est un mouvement continu. Au fil des notes, le tempo peut changer.

La vie aussi est en mouvement et le rythme peut changer selon l'âge des enfants, le revenu des parents, les possibilités qui se présentent. Il est possible de danser seule, mais c'est beaucoup moins agréable et excitant. Le plaisir, c'est quand les partenaires acceptent de danser ensemble au son de la même musique. Pas facile! Mon mari et moi nous marchons parfois sur les pieds… Nous avons besoin de pratique! Nous essayons d'être à l'écoute du rythme de l'autre et de trouver des solutions pour nous adapter ou le changer s'il ne convient plus à l'un ou à l'autre! Samba! Tango! Claquette! Disco! Ça va vite, la vie avec des enfants!

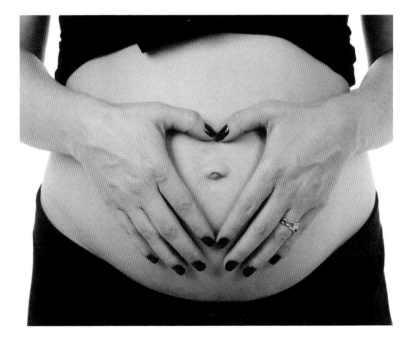

Enceinte de Maxime, notre quatrième enfant,
un cadeau surprise de la vie.

Les vacances en famille :
Isabelle, Maxime, Eliot,
Guillaume, Olivia et Charles.

CHAPITRE

6

Coupable

J'ai découvert d'une part que j'étais toujours là où je voulais être si je cessais de regretter de ne pas être là où je croyais devoir me trouver.

— Guy Finley

Un sentiment bien féminin

*E*n se levant ce matin, mon mari me propose d'emmener tout le monde au parc aquatique pour la journée. Une journée à moi seule au chalet, ça relève de l'inespéré, je dirais même du miracle! Mais au lieu de sauter de joie, voilà que je me sens coupable. Je ne lui ai pas demandé, c'est lui qui me l'a proposé. Je ne lui tords pas le bras pour me laisser seule, il est content de faire cette sortie avec les enfants et il sait que je déteste les parcs aquatiques. Ma mère, qui adore ce genre de sortie en famille, est là pour lui donner un coup de main.

C'est plus fort que moi, je me sens coupable. Où est le problème? Tout le monde passe une belle journée à faire ce qu'il aime, moi aussi, et je me morfonds. La simple idée de faire quelque chose pour moi me fige. Je tourne en rond. Je fais du ménage, quelques brassées de lavage, je remplis le frigo. Mère Supérieure doit se sentir utile! J'ai besoin de me déculpabiliser avant de penser à moi. Coupable de ne pas être à la maison, coupable de ne pas être au bureau, coupable de ne pas prendre soin de mes amies, coupable de ne pas prendre soin de moi…

J'ai cherché dans le dictionnaire la définition du mot *coupable*. Sous le mot *culpabilité* se trouvait la définition suivante : « Sentiment de faute ressenti par un sujet, que celle-ci soit réelle ou imaginaire. »[1] Je dois dire que cette définition fait beaucoup de sens dans mon cœur de mère. Cette impression de ne pas être à la hauteur, ni au bon endroit, de vouloir être ailleurs accompagne plusieurs de mes journées depuis que je suis devenue mère.

Que ce soit réel ou imaginaire, le fait est que je me sens coupable et que j'ai de la difficulté à faire fi de ce sentiment qui me ronge de l'intérieur. Est-ce que je passe assez de temps avec mes enfants? Est-ce que j'en fais assez pour eux? Suis-je assez présente dans leur vie? Est-ce que je devrais leur faire faire plus d'activités culturelles, sportives, éducatives? Devrions-nous manger plus souvent en famille? L'inverse aussi est vrai à l'occasion : suis-je trop couveuse et protectrice? Voilà un excellent exemple de ce que peut me faire ma Mère Supérieure! Le sentiment de culpabilité est intiment relié au fait de vouloir être une mère parfaite!

Devenir parent veut nécessairement dire se sentir coupable de temps à autre. C'est un *package*. Rares sont ceux qui y échappent. Toutes ces questions que nous nous posons demeurent souvent sans réponses. Comment savoir si ce que nous faisons en tant que parent est très satisfaisant, satisfaisant ou peu satisfaisant? Il faudrait attendre vingt ou trente ans pour avoir une réponse et, malgré tous nos efforts, nos enfants auront toujours quelque chose à nous reprocher. N'avons-nous pas fait de même avec nos propres parents?

Une bonne amie m'a suggéré de me poser la question suivante lorsque vient le temps de prendre une décision quant à l'éducation de mes enfants : est-ce que je le fais pour moi, pour me rassurer ou me déculpabiliser, ou est-ce que je le fais pour l'enfant, pour son bien et pour l'aider à devenir un être autonome et responsable? En me posant cette question, je peux aussi mieux voir si c'est Mère Supérieure qui mène le bal.

L'exemple qui me vient en tête est celui de mon garçon qui veut se faire cuire des œufs le matin ou faire un dessert un soir de semaine. Si je refuse, c'est en partie parce que je ne veux pas qu'il se brûle, que je n'ai pas envie de ramasser les dégâts derrière lui et que je veux gagner du temps dans un horaire serré en le faisant moi-même. Je satisfais aux besoins de qui en refusant? Ce n'est pas pour lui que je le fais lorsque je réagis ainsi, c'est certain! En acceptant, j'offre la possibilité à mon fils de vivre une expérience enrichissante qui l'aidera à développer son autonomie et je ne donne surtout pas raison à celle qui veut que tout soit parfait!

Dans son livre intitulé *Inspirer le respect et le transmettre*[2], la psychologue Marie Portelance dit que nous ne devrions jamais faire quelque chose pour un enfant si ce dernier est capable de le faire lui-même. Si un enfant peut manger seul, laissez-le faire. S'il peut porter son sac d'école, laissez-le faire. S'il peut se rendre quelque part à pied sans danger, laissez-le aller. Les professeurs de maternelle nous demandent de ne pas aider les enfants à s'habiller. Souvent, nous sommes pressés par le temps et nous prenons des raccourcis en faisant des choses comme attacher les manteaux ou les chaussures pour gagner quelques minutes précieuses dans la routine du matin. Ce faisant, nous n'aidons aucunement les enfants à devenir des êtres autonomes et responsables.

Voici quelques-uns des constats d'infraction que je peux m'attribuer au cours d'une journée :

- Coupable d'être contente lorsqu'ils se mettent au lit le soir;
- Coupable de ne pas leur servir de légumes;
- Coupable de les voir ingurgiter chaque jour une quantité phénoménale de sucre;
- Coupable de ne pas les aider à faire leurs devoirs;

- Coupable de ne pas les inscrire à du hockey compétitif;
- Coupable de les laisser jouer sur leur tablette pour pouvoir souper tranquillement;
- Coupable de hausser le ton;
- Coupable d'arriver en retard;
- Coupable de ne pas faire autant d'activités avec le deuxième qu'avec le premier;
- Coupable de donner plus d'attention à l'un qu'à l'autre;
- Coupable d'avoir oublié la journée pédagogique;
- Coupable de leur faire manquer une fête d'amis;
- Coupable de les faire garder un soir de semaine;
- Coupable d'avoir envie d'être ailleurs...

Regroupez quelques femmes autour d'une table; quel sera leur sujet de conversation si elles sont mères? Les enfants. Que voulons-nous savoir? Si nous sommes *normales*. Ce que nous vivons à la maison avec nos enfants relève-t-il de l'exception ou est-ce vécu par la majorité? Nous tentons de trouver du réconfort en échangeant avec d'autres. Quand on se compare, on se console. Savoir que notre dernier, qui ne fait pas encore ses nuits, est pareil à la fille de notre collègue de bureau, ça fait du bien. Savoir que les crises de notre préado ressemblent à celles que fait la fille d'une amie, ça aussi c'est rassurant.

Toute seule à la maison, je me demande parfois comment une telle femme aurait réagi face à la situation que je viens de vivre. Il m'arrive d'appeler ma sœur en réconfort et de lui demander conseil. Surtout par rapport à ce que je vis avec les plus vieux. J'ai souvent entendu le dicton « Petits enfants petits problèmes, grands enfants grands problèmes » et ce n'est qu'aujourd'hui, avec un pré-adolescent à la maison, que je réalise à quel point c'est vrai!

Bien que ressentie davantage par les femmes, la culpabilité n'est pas exclusivement féminine, de nombreux hommes en vivent quotidiennement. De nos jours, les choix se sont multipliés en même temps que les possibilités, mais ils s'accompagnent de problèmes qui faisaient moins partie du quotidien il y a de cela quarante ou cinquante ans. Surcharge, surconsommation, succès, réussite, dépassement, questionnement font maintenant partie de notre vie avec leur lot de stress, de fatigue et d'épuisement.

La culpabilité nourrit toute cette pression et ces obligations. Je pense que la culpabilité fait partie intégrante de notre vie, le but n'étant pas ici de s'en débarrasser, mais d'apprendre à mieux la gérer. J'y travaille depuis un bon moment. Avouons-le, il s'agit d'un sentiment qui ne mène à rien de bon.

Mon conjoint et moi avons discuté de ce problème et avons résolu d'être clairs sur la gestion des attentes de l'un et de l'autre. En nous ouvrant et en discutant un peu plus, nous arrivons à éviter plus facilement le piège de la culpabilité. Le but est de bien définir ce que sont nos attentes l'un envers l'autre.

Par exemple, il est très rare qu'il soit présent le matin pour le petit déjeuner. Il quitte habituellement la maison très tôt avant le réveil des enfants. Il aimerait bien être là plus souvent et il se sent coupable de ne pas les voir partir pour l'école. Il m'est arrivé de lui reprocher ces absences en pensant que ça m'aiderait qu'il soit là pour me donner un coup de main dans la routine du matin. Il lui est arrivé à quelque occasions de modifier son horaire et de rester, question de diminuer ce sentiment de culpabilité qui l'habite.

Je dois avouer que les matins où il fait de gros compromis pour être là ne donnent pas toujours l'effet escompté. La routine du matin devient plus difficile, car les enfants sont alors distraits. Après discussion, nous avons convenu que ce n'était pas nécessaire qu'il soit là le matin et qu'il n'a surtout pas à se sentir coupable de ne pas y être, mais qu'il est bien sûr le bienvenu. Le fait d'en parler a clarifié la situation et enlevé une pression inutile de part et d'autre.

L'interrupteur

Une amie à qui je parlais de mon projet d'écriture m'a demandé si j'avais lu *Les tranchées : maternité, ambiguïté et féminisme, en fragments,* de Fanny Britt. J'ai alors lu le livre et le passage où elle échange avec Annie Desrochers et Madeleine Allard dans des lettres a trouvé écho en moi. Je me suis dit que si nous voulions que le message passe, il fallait unir nos voix et parler fort, très fort. Après tout plusieurs voix valent sûrement mieux qu'une seule!

Ces femmes sont, comme moi, fascinées par celles qui ont plusieurs enfants et qui mènent en plus des carrières hors de l'ordinaire. Je les idéalise. Je les mets sur un piédestal et je me demande vraiment quelle est leur recette pour accomplir tout ce qu'elles ont à faire. Elles me donnent l'impression que je n'ai pas ce qu'il faut ou qu'il me manque quelque chose. Pauline Marois, par exemple, l'ancienne Première ministre du Québec, a eu quatre enfants durant sa longue carrière politique. Incroyable! Comment a-t-elle fait? J'aimerais un jour pouvoir la rencontrer et lui poser la question. Je serais sûrement rassurée de savoir que ce n'est pas par miracle qu'elle a atteint le sommet et qu'elle a dû faire d'énormes sacrifices pour y arriver.

En voulant préserver le mythe de la *superwoman*, ces femmes passent pour des héroïnes aux yeux de bien d'autres. Je me suis dit récemment qu'elles ont peut-être un interrupteur qui leur permet de passer d'un rôle à l'autre en mettant de côté la culpabilité.

J'admire les femmes qui sont capables d'accéder à cet interrupteur interne. J'aimerais pouvoir me sauver de l'heure du crime entre dix-sept et dix-neuf heures à la maison sans me sentir coupable de ne pas être présente durant les pires heures de la journée. Suis-je à ce point indispensable que personne ne puisse me remplacer? Qu'est-ce qui m'incite à croire que je suis la seule à pouvoir subvenir aux besoins de mes enfants? Qui d'autre que Mère Supérieure?

Mon commentaire est paradoxal parce qu'il m'est arrivé souvent de partir en voyage en laissant ma progéniture derrière moi. D'ailleurs, nous ne voyageons que très rarement, pour ne pas dire jamais, avec nos enfants. Je préfère profiter de ce moment pour penser à moi et retrouver mon mari.

Dans le fond, je possède peut-être moi aussi cet interrupteur, mais je ne l'utilise pas pour les mêmes besoins. Quand je pars en voyage, je ne me sens jamais coupable. Je sais pertinemment que j'ai besoin de cette pause bien méritée. Les enfants me manquent, c'est certain. Je pense à eux souvent, mais je profite de chaque instant en sachant très bien que j'ai besoin de faire le plein. Je dois avouer que je n'appelle même pas à la maison. L'expérience m'a appris que ce n'était pas une bonne idée pour personne, ni les enfants ni les parents, et encore moins pour la gardienne. Dans ces moments, je deviens donc égoïste et je me choisis. Je savoure toutes les secondes de liberté que cette escapade me procure, sans aucune culpabilité. Je sais très bien que je vais payer la note à mon retour alors aussi bien en profiter au maximum!

Pourquoi ne puis-je pas *fermer* l'interrupteur de la culpabilité dans mon quotidien? En voyage, je me donne le droit, la permission d'être là à savourer le moment présent. Je me dis que je le mérite, que cette pause me revient de droit. Au jour le jour, c'est comme si je me disais que si j'ai fait le choix d'être présente à mes enfants, alors je dois être là en tout temps. Hum! Je sens un peu de Mère Supérieure, ici... Elle est douée pour me faire faire des choses contre mon gré en me laissant croire que sinon je suis une *mauvaise* mère.

Être parent demande du temps. Les heures que nous choisissons d'y consacrer dépendent de chaque individu. Dans *Lean in*[3], Sheryl Sandberg parle d'un phénomène intéressant qu'elle appelle le maternage intensif, en vertu duquel une bonne mère va nécessairement au-devant des besoins de ses enfants et est toujours partante pour les satisfaire.

Or, s'il est vrai que le nombre d'heures passées au travail a augmenté de façon importante au cours des dernières années, le nombre d'heures passées à la maison avec les enfants a lui aussi augmenté en proportion.

En se basant sur une étude américaine, l'auteure constate qu'en 1975, une femme au foyer passait en moyenne onze heures par semaine à donner les soins de base à ses enfants. Celles qui travaillaient à l'extérieur de la maison en 1975 consacraient six heures à ces activités. Aujourd'hui, les femmes qui restent à la maison passent en moyenne dix-sept heures par semaine à prodiguer les soins de base aux enfants alors que les femmes travaillant à l'extérieur y consacrent onze heures. Ce qui signifie que les femmes qui travaillent de nos jours passent le même nombre d'heures à s'occuper des enfants que celles qui ne travaillaient pas en 1975! Intéressant!

Considérant que les besoins de base des enfants n'ont certainement pas tant changé, que faisons-nous de plus avec les enfants que les mères de 1975 ne faisaient pas? C'est là qu'entre en jeu la théorie du maternage intensif de Sheryl Sandberg, phénomène qui touche autant les mères au foyer que celles qui travaillent à l'extérieur de la maison.

Celles qui travaillent compensent en consacrant toutes les heures possibles à leurs enfants et celles qui sont à la maison se justifient en voulant en donner toujours plus. Dans les deux cas, les femmes se négligent et finissent par s'épuiser. La pression est trop forte et il n'y a aucun équilibre dans ce genre de mode de vie.

Mère Supérieure fait beaucoup d'heures supplémentaires en maternage intensif! Je n'y échappe pas! Je veux être partout et tout contrôler. Chaque fois que je manque à ce mandat que je me suis donné, le sentiment de culpabilité prend le dessus. *L'interrupteur est activé.*

Je commence à connaître un peu mieux Mère Supérieure et à identifier ses méthodes de fonctionnement. J'arrive parfois à la déjouer grâce à l'aide précieuse de mon réseau. Je me plains souvent que mes enfants ne jouent pas assez par eux-mêmes. J'ai l'impression qu'il faut tout organiser et prendre des rendez-vous pour trouver des amis disponibles. L'autre jour, mon rêve est devenu réalité. Ils sont rentrés de l'école, ont pris une collation, ont fait leurs devoirs et hop, les voilà repartis en vélo chez des amis. Surprise et contente sur le coup, je me mets à culpabiliser l'instant d'après. Vont-ils déranger la mère en arrivant sans avertir au préalable? Va-t-elle me reprocher de ne pas lui avoir téléphoné?

Je me suis fait violence et j'ai résisté à l'envie de partir à vélo derrière eux pour m'assurer que tout se passait bien. Je leur ai fait confiance. Ils sont revenus pour le souper, fatigués et heureux de leur escapade.

À trop vouloir les contrôler et à tout organiser, je ne leur donne pas la chance d'apprendre en faisant des erreurs. Je les empêche de s'ennuyer, de devenir plus créatifs ou autonomes. Tomber, se tromper, se faire prendre en défaut, tout ce processus fait partie de l'apprentissage de la vie. À vouloir que mes enfants soient parfaits et irréprochables, je les oblige à marcher sur un chemin déjà tracé et je ne fais que retarder le moment où ils vont devoir apprendre de leurs erreurs. C'est inévitable! Personne n'y échappe.

Élever des enfants est un privilège. C'est une chance de pouvoir côtoyer ces petits êtres sensibles, curieux, ouverts et enthousiastes. Malgré cela, il m'arrive certains jours de trouver que tout me semble être une corvée. Quand je me lève le matin et que, vingt minutes plus tard, je suis déjà en train de hausser le ton, que les reconduire à l'école est lourd et compliqué ou que chaque fois qu'ils me demandent ce qu'on mange, j'ai envie de leur répondre que la cuisine est fermée, c'est signe que le cœur n'y est pas.

N'importe quel travailleur est en droit de se demander à un moment ou un autre si son travail lui convient toujours. Une mère, dans son rôle, n'a pas ce luxe. Un employé qui n'est plus content de se rendre travailler le matin peut chercher un autre emploi ou demander d'exercer d'autres fonctions au sein de l'entreprise. Une mère ou un père doit se résigner à effectuer les mêmes tâches dans son rôle de parent, jour après jour. Il devrait être normal pour un parent de trouver difficile d'avoir la motivation nécessaire pour apprécier chaque moment de ce travail intense et prenant, et de ses nombreuses responsabilités.

Être blasée, devenir un parent automate, c'est un danger qui guette n'importe quelle personne qui passe beaucoup de temps à la maison avec les enfants. Je me plains souvent, trop souvent, c'est dans ma nature. Mère Supérieure, qui croit que tout lui est dû, n'est jamais très très loin.

Quand je réussis à la voir agir, que j'arrive à la prendre sur le fait, je remets les choses en perspective ce qui me permet d'apprécier davantage le fait d'avoir le privilège de marcher avec mes enfants à l'école le matin. De prendre mon temps pour déjeuner avec mes filles et d'être à la maison au retour de l'école de mes garçons pour échanger avec eux sur leur journée. Des petits gestes très simples que je prends trop souvent pour acquis, mais qui pourtant me remplissent de pur bonheur. Mon conjoint m'aide beaucoup en me rappelant la chance que j'ai et me confie qu'il est jaloux de tous ces moments précieux que je passe auprès de nos enfants.

Entraide et communauté

J'adore le dicton qui dit *qu'il faut un village pour élever un enfant.* C'est vrai! Avec quatre enfants, ce dicton l'est d'autant plus. Je ne peux pas prétendre que j'y arrive toute seule parce que ce n'est pas vrai. Mère Supérieure voudrait certainement vous faire croire le contraire, son ego en serait flatté! Il m'arrive d'entendre : « Toi, on sait bien, c'est facile, tu as de l'aide. » Je vous assure que ma Mère Supérieure est piquée au vif dans son orgueil en entendant de tels propos. Ce mythe de la femme parfaite qui fait tout et toute seule est lourd à porter. Qui a dit que demander de l'aide était un signe de faiblesse? Mère Supérieure, évidemment!

C'est à l'arrivée de bébé numéro 3 que j'ai eu recours à de l'aide. C'est ce qui m'a permis de continuer à travailler à l'extérieur. J'ai longtemps hésité à dire que j'avais de l'aide. Je me sentais gênée. Je ne voulais pas perdre du mérite. Il m'a fallu quatre enfants pour enfin accepter que j'avais besoin de cette aide.

Mon mari travaille beaucoup et voyage aussi très souvent. Du lundi au vendredi, je ne peux pas compter sur lui pour les repas, les devoirs et les activités des enfants. Par contre, il se reprend durant les week-ends et il est un père très présent. Avoir une paire de bras supplémentaire, disons que ça m'a rendu la vie beaucoup plus facile! J'ai de la chance, je le sais!

Est-ce qu'il vous arrive parfois de vous sentir embarrassée d'avoir besoin d'aide, de ne pas y arriver toute seule? J'ai l'impression que prouver au monde entier qu'on peut y arriver sans aide est presque devenu un signe de réussite. C'est, en tout cas, une façon d'entretenir le mythe de la mère parfaite.

J'ai moi-même tendance à louanger les femmes qui font tout : mari, carrière, amis, famille, enfants performants et compétitifs. Avons-nous tendance à trop glorifier les *superwomen* qui, en apparence, réussissent à tout faire?

À ce sujet, une femme qui occupe un poste important dans une grande entreprise, mère de deux enfants, me confiait que les jeunes filles qui commencent à gravir les échelons dans l'entreprise se demandent souvent comment elles vont faire pour ajouter des enfants à une vie aussi chargée que la leur. C'est lorsqu'elle s'est mise à s'ouvrir à ces jeunes femmes et à leur dire qu'elle ne fait jamais les devoirs avec ses enfants et qu'elle ne prend jamais le petit déjeuner avec eux qu'elles ont réalisé qu'il n'existe pas de situation idéale ni de formule magique pour avoir une carrière florissante. Il s'agit de faire des choix et, bien sûr, quelques compromis.

En acceptant de ne pas être indispensable, cette femme peut se donner un répit et trouver un meilleur équilibre. Elle a toujours payé des gens pour effectuer ces tâches qui alourdissent son emploi du temps et qui peuvent très bien être faites par d'autres, ou elle a eu recours au père pour le faire. Elle a choisi d'être là où elle peut faire une différence, à la fois au bureau et à la maison. Elle connaît ses limites, les respecte et elle accepte qu'elle ne peut pas tout faire, encore moins tout avoir! En exprimant ses limites à son entourage, elle contribue à briser le mythe de la *superwoman* et à atténuer ainsi une certaine pression lourde à porter.

Nous jonglons toutes pour arriver à conjuguer notre vie de femme et la maternité. Pourquoi ne pas s'ouvrir, essayer de mieux se comprendre et s'entraider dans nos prouesses quotidiennes, tout cela en partageant des trucs qui rendraient notre vie tellement plus harmonieuse et qui sait, peut-être plus équilibrée?

J'ai grandi dans une petite ville où les portes restaient déverrouillées jour et nuit. Cet esprit de communauté où les portes ne sont pas verrouillées et où l'entraide règne me manque. Avec quatre enfants, je n'ai pas eu le choix de reconnaître l'importance d'un réseau.

Il m'arrive d'inviter les amis de mes garçons à rester à souper ou à coucher et d'être alors confrontée à des parents qui ne veulent pas me déranger parce que j'en ai déjà assez sur les bras. Ça ne me dérange pas! Je l'offre tout simplement! Que nous soyons six, huit ou dix pour souper ne change pas grand-chose chez nous. De toute façon, mes garçons sont plus faciles quand ils ont des amis avec eux et je sais que c'est le cas dans plusieurs familles. Alors, pourquoi entretenir ce sentiment d'avoir peur de déranger les autres?

Il m'arrive de me sentir gênée de demander aux autres parents de faire du co-voiturage. Je me sens regardée si je ne peux malheureusement pas assister à la pratique de hockey ou de soccer de mes garçons parce que mes filles ont besoin de moi à la maison. Ce sentiment doit provenir de celle en moi qui court après la médaille de la mère parfaite qui ne se sent pas à la hauteur si elle n'est pas partout!

CHAPITRE

7

Tout avoir

Le succès n'est pas la clé du bonheur.
Le bonheur est la clé du succès.
Si vous aimez ce que vous faites, vous réussirez.

— Albert Schweitzer

Ce que j'ai envie de dire aujourd'hui à toutes celles qui essaient encore et à celles qui seront tentées d'essayer de tout avoir, c'est non, on ne peut pas tout avoir. Nous devons faire des choix qui impliquent obligatoirement la réalisation d'une chose et l'abandon, du moins pour l'instant, d'une autre. Évidemment, Mère Supérieure est déçue et ça ne fait pas du tout son affaire d'entendre un tel discours.

Vouloir tout contrôler

Je me souviens du moment où nous avons pris la décision d'avoir des enfants. Nous avions planifié de faire un voyage en Asie. Nous savions que ce serait probablement la dernière fois que nous pourrions partir trois semaines sans trop de soucis. Nous avions vu juste! Notre plan était que je devienne enceinte pendant notre séjour. Quelle belle histoire à raconter à notre futur bébé : tu as été conçu sur une île en Thaïlande! Ça fait exotique dans un livre de naissance… Je ne vous apprends rien si je vous dis qu'on ne devient pas enceinte quand et où on le veut.

Dans une société où tout s'achète et se planifie, il est malheureux de voir à quel point on se fait prendre au jeu. Le vrai malheur, c'est que quand les choses ne se passent pas exactement comme prévues, nous appuyons vite sur le bouton panique et nous cherchons le problème. Il n'y a peut-être pas de problème!

C'est évident que si nous angoissons et que nous nous mettons à stresser, nous finirons par créer un problème qui n'existait pas. Nous voulions choisir le moment précis où j'allais devenir enceinte. Nous voulions inscrire noir sur blanc dans l'agenda la date et l'heure de l'accouchement. Si nous avions pu, nous aurions choisi le sexe et la couleur des yeux de l'enfant… j'exagère à peine! Avoir des enfants nous a fait réaliser à quel point nous ne contrôlons absolument rien de ce qui nous arrive dans la vie.

Le fait d'avoir accès à tout en tout temps nous fait croire que nous sommes tout puissants. Mère Supérieure aussi y est pour quelque chose dans cette illusion. La notion de réponse instantanée est la norme au point où c'est inacceptable d'attendre plus de vingt-quatre heures avant d'envoyer une réponse à un courriel, et je ne parle pas des textos! Les gens ne laissent même plus de messages dans les boîtes vocales, c'est trop long avant d'avoir une réponse. Toutes ces exigences professionnelles sont angoissantes pour les parents et ont assurément des répercussions sur notre progéniture qui tente tant bien que mal de trouver sa place dans tout ce brouhaha.

Je disais que c'est impossible de tout avoir. Si on ne peut pas tout avoir, alors nous devons renoncer à certaines choses. Faire des petits deuils au quotidien.

Que sommes-nous prêts à compromettre au nom de l'ambition? Cette question ne s'adresse pas uniquement aux femmes. Les hommes aussi doivent faire des compromis. Dans tout ce débat, on semble oublier ou négliger le fait que la famille est tout aussi importante pour les hommes. On voit de plus en plus d'hommes prendre des congés de paternité.

À notre troisième enfant, mon mari, qui occupait un poste de cadre, a surpris le service des ressources humaines en prenant le congé de paternité auquel il avait droit. Normalement, à ce niveau, les hommes y ont droit, mais ne le prennent pas de peur d'être mal perçus. Tiens, tiens, les hommes aussi ont un Père Tout Puissant! Mon mari a été très audacieux en osant le faire et il a probablement préparé le terrain pour que d'autres s'accordent ce droit. C'est en brisant ces tabous et ces mythes que les choses changeront et que les mentalités évolueront.

Une affaire de couple

Selon Elizabeth Plank, journaliste féministe d'origine montréalaise, le problème de concilier le travail et la famille, dans un monde parfait, concernerait tout le monde. Je la cite dans une entrevue accordée à la revue *Châtelaine* en avril 2015 : « On continue à vivre dans un univers qui pousse les femmes à avoir une famille, mais où on les punit dès qu'elles en ont une. »[1] Ce n'est pas seulement l'affaire des femmes d'arriver à concilier les deux. Il s'agit d'une affaire de couple et les deux conjoints doivent, d'un commun accord, faire les choix qui s'imposent.

Dans un monde idéal, les rôles seraient interchangeables. À part la grossesse et l'accouchement, je vois très bien les conjoints échanger de rôle au fil du temps. J'ai remarqué dernièrement en conduisant mes enfants à l'école, que je croisais beaucoup de pères. Peut-être que l'écriture de mon livre et ma sensibilité à ce sujet m'ont ouvert les yeux, mais je constate qu'ils sont très nombreux. Je ne peux m'empêcher de trouver cette évidence encourageante et positive. Chaque fois, je me dis que ces hommes permettent ainsi à une femme de se réaliser et partagent une tâche qui jadis revenait à la femme presque exclusivement! Nous en avons fait du chemin!

À partir du moment où nous décidons d'avoir des enfants, nous sommes en mesure d'inclure cette progéniture à l'intérieur de son plan de vie. L'objectif étant que, chacun son tour, les deux conjoints puissent se réaliser professionnellement tout en arrivant à maintenir un équilibre familial sain si tel est leur désir. Le problème de nos jours est que nous essayons encore de nous faire croire que c'est possible de tout avoir. Ainsi, nous essayons de tout faire et de tout conjuguer pour finir épuisés et au bout du rouleau en sacrifiant au passage la famille et les enfants. C'est dur sur le couple toute cette pression!

J'ai été agréablement surprise de lire à la une de la revue *Elle Québec* du mois d'octobre 2015, l'animatrice Julie Snyder affirmer qu'on ne peut pas tout avoir. « Arrêtons de mentir aux femmes : on n'arrive pas à tout concilier. (...) On ne peut pas être au sommet dans tout, en même temps, et tout le temps! »[2] C'est encourageant de voir qu'une femme comme elle, aussi influente et occupée, admette que c'est utopique de penser réussir dans tous les domaines. Cet énoncé fait du bien à entendre et je suis persuadée qu'il enlève de la pression à beaucoup de femmes.

Ce n'est plus obligatoirement la femme qui reste à la maison et l'homme qui est le gagne-pain. C'est parfois chacun son tour, en partenariat. C'est dans le cadre d'un plan de vie que ces décisions se prennent, en tenant compte de la situation et de la disponibilité de chacun.

L'objectif reste le même : rechercher l'équilibre familial. C'est le chemin pour y arriver qui diffère. Rien n'est tracé d'avance. La vie n'est pas statique. Ce n'est pas parce que je fais un choix maintenant qu'il est définitif et irrévocable. Dans un véritable partenariat, il faut prendre le temps de s'asseoir et d'évaluer les besoins et les désirs de chacun. Ainsi, le couple devient complémentaire et forme une belle force et un exemple harmonieux pour les enfants où chacun se réalise pleinement. Dans cette optique, il est possible d'en avoir un peu plus, mais pas tout en même temps.

Dans un article de Louise Gendron paru dans la revue Châtelaine de mai 2015, Jennifer Senior, journaliste américaine et auteure du livre *All joy and no fun, the paradox of modern parenthood,* confiait : « Le problème ce ne sont pas les enfants eux-mêmes, c'est ce qu'on met autour. Tout le stress, l'anxiété, les exigences qu'on se donne. » [3]

Nos agendas sont surchargés et ceux de nos enfants aussi! Le travail, les rendez-vous, les activités, les fêtes d'amis, mais où est passé le temps libre? Tout au long de l'année scolaire, les enfants sont inscrits à mille et une activités. Les vacances de Noël sont à peines terminées que nous voilà déjà à planifier les vacances et les camps d'été. Nous passons notre temps à bousculer les enfants et à les presser. « Dépêche-toi de finir ton devoir, tu vas manquer ta pratique de soccer! » « Vite, on va être en retard! » Des phrases comme celles-là, nos enfants en entendent tous les jours.

Si cette course effrénée ne nous apportait que du positif, il n'y aurait aucun problème. Là où ça ne va pas, c'est que cette course folle à la réussite nous rend malades, physiquement et émotionnellement. Le stress, l'anxiété, l'épuisement, les dépressions n'ont jamais été aussi répandus dans notre monde.

Ce qui est d'autant plus inquiétant c'est que nos enfants sont le reflet de la société dans laquelle ils grandissent. Je ne me rappelle pas de m'être sentie stressée ni surchargée d'activités durant ma jeunesse. Les choix étaient beaucoup plus restreints. L'été, nos vacances ressemblaient à des visites chez les cousines, chez notre grand-mère et à quelques journées au camp de jour du village, le reste du temps. La vie était douce et belle. Notre vie d'enfant avait un rythme d'enfant. Jamais je n'ai eu l'impression de vivre au même rythme que mes parents. Nous ne faisions pas les mêmes choses qu'eux. Nos vies étaient séparées, c'était loin de ressembler à la symbiose d'aujourd'hui. Après avoir connu les extrêmes, il serait bon de ramener un peu d'équilibre dans ce mode de vie. Nos enfants s'imprègnent de ce mode de vie.

Je n'ai qu'à regarder autour de moi et j'ai de nombreux exemples d'enfants qui vivent, malgré leur jeune âge, avec des problèmes d'anxiété et de stress qui les dérangent et les empêchent de bien fonctionner dans leur quotidien. Je me souviens d'un week-end de Pâques passé en famille où ma nièce de dix-huit ans est devenue anxieuse quand elle a reçu un texto d'une amie qui étudiait et qui lui posait une question. Elle se sentait coupable de profiter de la vie au lieu d'être en train d'étudier. Comment ces jeunes vont-ils réussir à gérer un travail et une famille sans y laisser leur peau?

D'après Liliane Holstein, psychanalyste et auteure du livre *Le burn out parental* : « Les enfants souffrent de voir leurs parents si agités et mal dans leur peau. De passer si peu de temps avec eux. Ils sont avides de tendresse, d'attention et de tranquillité. Mais il faut tout faire vite. Ça les épuise. » [4]

Les enfants sont des éponges, ils vivent bien des émotions à travers nous, positives aussi bien que négatives. Si un parent a de la difficulté à gérer son stress, dort mal la nuit, est tendu, c'est certain que les enfants le ressentent. Comment les protéger de ce stress et comment leur montrer à le gérer si nous ne pouvons pas le faire nous-mêmes? Oh! que ça me parle tout ça! J'essaie du mieux que je le peux d'aider mon fils qui vit déjà beaucoup d'anxiété, malgré son jeune âge. Je trouve cette situation difficile parce que je me mets moi-même tellement de pression. Je clame que je ne veux pas être parfaite, mais je continue quand même d'essayer d'y arriver...

Dans le même article cité précédemment, Liliane Holstein affirme que beaucoup des nouveaux parents « ont été élevés par des parents laxistes, happés par la frénésie de consommation et de travail propre aux années 1980. Ils ont laissé leurs jeunes livrés à eux-mêmes, collés devant la télé. »[5] Sommes-nous alors surpris de constater qu'une telle éducation génère des enfants-rois à qui on donne tout pour ne pas les contrarier et à qui on ne dit pas non pour ne pas les décevoir?

C'est certain que si on n'a que quelques heures par jour à consacrer à ses enfants, la tentation est forte de vouloir éviter les crises en achetant la paix. Mais cette option a un prix autant pour les parents que pour les enfants.

Si je suis au bureau, gestionnaire de dizaines d'employés, je ne peux pas assister aux parties de hockey ou au cours de gymnastique, pas plus que je ne peux faire le suivi des devoirs. Si je suis à la maison avec les enfants à assurer leur encadrement, je ne peux pas être au bureau en train de gravir les échelons de la hiérarchie institutionnelle.

Des sacrifices, nous en faisons chaque jour en tant que parents. Je fais de mon mieux, vous faites de votre mieux, j'en suis certaine. Personne n'a jamais dit que c'était facile d'être parent!

Définir ses limites

Avez-vous déjà remarqué que dans la vie, tout semble se passer entre vingt-cinq et quarante ans? Dans la plupart des cas, on se marie fin vingtaine, on achète notre première maison, les enfants suivent généralement peu après vers l'âge de trente ans, et les opportunités de carrières prometteuses arrivent aussi durant ces dix années charnières. Toute notre vie semble se jouer à l'intérieur d'un peu plus d'une décennie. Soixante-quinze pour cent des principaux enjeux se jouent dans une courte, mais intense période qui correspond à dix pour cent du total de notre séjour sur Terre. Vu comme ça, il ne faut pas se surprendre d'être complètement exténués à cinquante ans!

J'ai eu mes enfants entre trente-deux et quarante ans. Je me suis déjà demandé si j'avais eu mes enfants plus jeunes, aurais-je pu rêver d'une carrière à la hauteur de mes ambitions? Parmi les choix des femmes, il y a aussi celui de l'âge pour avoir des enfants. Est-il mieux d'avoir ses enfants jeunes et de penser carrière après, ou l'inverse? Bâtir une carrière et attendre plus tard, dans la trentaine, pour fonder une famille? C'est ce que j'ai fait.

J'ai consacré ma vingtaine à développer une carrière. Je travaillais à la télé, à la radio, je suivais des cours dans le but de devenir comédienne. Vous connaissez la suite...

En 2018, j'aurai quarante-cinq ans, mes enfants seront alors tous en âge d'aller à l'école! Sera-t-il trop tard pour moi de penser à reprendre là où j'ai laissé il y a dix ans?

Soyons réalistes, c'est impossible de reprendre là où j'ai laissé ma carrière. Le monde des communications a changé, de nouveaux visages sont apparus, mais il me reste encore de beaux projets à réaliser. Tous les domaines sont différents. Certains pardonnent plus que d'autres le retrait prolongé pour cause familiale. C'est tellement difficile pour les femmes de tout concilier et de trancher entre famille et travail. Est-ce que cette conciliation ne ferait pas de nous des éternelles insatisfaites? Je suis au bureau, vite je veux me rendre à la maison à temps pour les devoirs. Je suis à la maison, je pense au bureau et aux dossiers non terminés que j'ai laissés pour me rendre à la maison...

J'aimerais avoir une réponse claire, trouver une recette miracle et universelle, mais il n'y en a pas vraiment. Il convient à chacun de trouver ce qui fonctionne, de le mettre en application et de s'ajuster aux changements.

J'avais une discussion avec une féministe active dans les années 1980-1990, qui me disait que l'entrée des femmes dans le milieu du travail n'avait pas apporté que du bon. À son avis, les femmes ont gagné une autonomie certes, mais elles doivent aujourd'hui encore en payer le prix. Ce prix, c'est celui d'avoir, en plus de leur travail à l'extérieur de la maison, la lourde tâche des travaux domestiques qui leur incombent toujours et encore majoritairement. Je dois avouer que depuis ce temps, nous avons fait du chemin.

Ma mère est toujours surprise de voir à quel point nos conjoints à ma sœur et moi sont impliqués tant avec les enfants que dans la maison. Ce n'est tout de même pas rare, vers l'âge de quarante ans, de voir certaines femmes frôler l'épuisement professionnel. Essoufflées à force de porter à bout de bras une carrière, des enfants, une maison et parfois plus, quelques-unes d'entre elles tombent au combat et doivent revoir leurs priorités. Certaines sont forcées d'abandonner des bouts de leur vie qui leur tenaient à cœur.

Je constate toutefois dans mon entourage que cette obligation à revoir les priorités s'avère très souvent positive et salutaire. Les femmes que je connais qui sont passées par là se sont toutes dotées d'une meilleure qualité de vie. Elles ont fait le choix d'accepter qu'elles ne pouvaient pas arriver à tout faire et elles ont respecté et assumé leurs limites.

Dans un article paru dans la magazine *Châtelaine* en avril 2015, Geneviève Pettersen exprime bien ce qu'il en coûte de vouloir le beurre et l'argent du beurre. Elle raconte comment, à trente ans, avec ses deux enfants, sa carrière prometteuse, un mari, une maison, elle croyait avoir trouvé la recette pour tout avoir. Non seulement se considérait-elle comme une employée hyper performante, une mère modèle, une amoureuse extraordinaire, mais aussi, elle s'entraînait pour un demi-marathon. Elle dit avoir été la reine du multitâche. Elle mentionne qu'elle voyait ses enfants trois heures par jour et qu'elle passait la moitié de ce temps à faire autre chose que d'être avec ses filles.

À ce moment de sa vie, pour elle, c'était sa définition de la réussite. Jusqu'au jour où sa fille lui a demandé en se couchant si la nounou allait devenir leur mère... Voulant se justifier, elle a répondu à sa fille « qu'il valait mieux avoir une mère heureuse qui travaille qu'une mère malheureuse obligée de rester à la maison. » Et sa fille lui a posé la question fatidique : « T'aimes pas ça t'occuper de nous? » Le lendemain, après avoir pleuré toute la journée, le médecin lui a diagnostiqué un épuisement jumelé à un surentraînement. Résultat : elle a démissionné. Son constat : « Je me pensais plus forte que tout le monde et je croyais qu'il était possible de tout avoir en même temps. Mais je m'étais trompée royalement. Oui, il était possible de tout avoir, mais à un prix que je n'étais plus capable de payer. »[6]

Nous cultivons encore l'illusion que c'est possible de tout avoir. Nos Mères Supérieures s'en chargent! La mienne me fait croire que ce n'est pas si fou de penser que c'est possible de tout faire. Je suis une *superwoman,* je veux la croire! Mais à quel prix? Parce qu'il y en a un! La mère qui travaille cinquante heures par semaine ne peut pas passer tout le temps qu'elle aimerait avec ses enfants. Il n'y a que vingt-quatre heures dans une journée et il est impossible de changer cette donne, elle ne changera jamais. Même si la technologie évolue et, qu'elle nous permet de gagner beaucoup de temps, il n'y aura jamais plus de vingt-quatre petites heures dans une journée.

Donc, pour la femme qui doit travailler à l'extérieur et passer plus de dix heures loin de son foyer chaque jour, le prix à payer est d'accepter qu'elle ne verra ses enfants que trois heures par jour. Pour celle qui choisit de rester à la maison, sa carrière sera mise en veilleuse et les chances qu'elle puisse la reprendre là où elle l'a laissée sont presque nulles. La vraie question est donc de savoir si j'assume mon choix, sachant ce qu'il m'en coûte. Ce qui m'interpelle dans cette histoire, c'est lorsque la petite fille demande à sa mère : « Tu n'aimes pas ça t'occuper de nous? » Ça me touche parce qu'il m'arrive de ne pas aimer m'occuper de mes enfants. Il m'arrive d'avoir envie d'être ailleurs. Je ne trouve pas cela facile tous les jours d'être une mère! Cette dualité est, je crois, l'essence même de mon propos, elle est au cœur de mon questionnement.

Changement de cap

Il arrive souvent que des femmes aient un déclic à un moment précis dans leur vie. Une prise de conscience coup de poing qui les frappe en plein visage quand elles s'y attendent le moins. Nathalie, une amie, m'a raconté comment et à quelle occasion elle a fait ce constat qui a changé sa vie.

Monoparentale, mère de deux filles, elle travaillait plusieurs heures par semaine grâce à un énorme réseau qui l'aidait à garder la tête hors de l'eau. Tout allait bien, elle se trouvait géniale d'arriver à tout gérer sans en échapper des morceaux. Un jour, alors qu'elle ramenait les filles de la garderie, en route vers la maison, elle s'est retournée dans la voiture et a demandé à sa plus jeune : « Et puis, comment a été ta présentation ce matin?» Fière de s'être rappelée que sa fille avait une présentation la journée même, elle a été estomaquée de sa réponse : « Maman, c'est ce que je viens juste de te raconter depuis qu'on a quitté la garderie...»

À ce moment précis, la vie de Nathalie a changé. Elle s'est fait la promesse que plus jamais une telle chose ne se reproduirait. Autant elle se croyait être en contrôle et passée maître dans l'art de gérer le déséquilibre, autant ce qu'elle venait de vivre lui rappelait tristement qu'elle passait à côté d'une bonne partie de sa vie. À partir de ce jour, elle fait des changements qui l'aideraient à être plus présente et disponible pour ses filles. Elles se souviennent très bien, encore aujourd'hui, de cette anecdote et elles en parlent comme d'un tournant dans leur vie.

Plusieurs femmes vivent ce genre de situation. Nous nous pensons au-dessus de tout, en contrôle de notre environnement, et nos enfants nous prouvent le contraire. Ils sont les meilleurs pour évaluer notre vraie présence. La présence physique ne garantit pas que nous sommes véritablement avec eux. Vous remarquerez que c'est souvent dans ces moments-là que les enfants deviennent tout à coup turbulents, font des crises et sont bruyants. Ils cherchent notre attention! Ils savent faire la différence entre un parent qui est impliqué et un autre à moitié présent, ou pas du tout.

L'auteure et psychologue Valérie Colin-Simard constate que c'est peut-être par les jeunes Y nés entre 1980 et 2000 que ce changement de cap va s'opérer. Ils révolutionnent le marché du travail avec des idées bien arrêtées sur le genre de vie qu'ils veulent vivre. Ils ne placent plus le travail au premier plan. Ils veulent des congés et des horaires flexibles. Ils sont à la recherche d'une meilleure qualité de vie. C'est dérangeant pour les employeurs, mais en même temps, c'est peut-être ce que ça prend pour ramener un équilibre dans ce marathon vers la réussite.

Je me demande parfois si les mères d'aujourd'hui sont plus fatiguées que les mères d'autrefois. Ma grand-mère, qui a eu seize enfants, devait certainement se coucher brûlée le soir venu! Pourquoi moi, mère de seulement quatre enfants, est-ce que je me sens aussi débordée et exténuée? Quand je pense à elle, je me dis que je n'en ai pas le droit! Qu'y a-t-il de si différent entre elle et moi à part douze enfants? Je ne l'ai jamais entendu se plaindre de quoi que ce soit par rapport à ses enfants. A-t-elle oublié à quel point il lui a été difficile d'élever seize enfants? De nourrir seize bouches! Qu'est-ce que je fais aujourd'hui qu'elle ne faisait pas il y a soixante ans?

Le lien est facile à faire avec la pression qu'on s'impose en tant que parents aujourd'hui. Pression de performance et pression d'être parmi les meilleurs parents qui soient! Ma grand-mère trouve que je me donne beaucoup de mal quand elle me voit partir tous les weekends au chalet. Inscrire les enfants dès l'âge de trois ou quatre ans à des activités relève de la folie en ce qui la concerne.

Le fait que nous ayons toutes ces possibilités quand il est question de ce que nous pouvons offrir à nos enfants est merveilleux, mais ces nombreux choix nous compliquent aussi beaucoup la vie. Nos standards sont devenus très élevés et le syndrome du voisin gonflable a pris des mesures disproportionnées. Difficile de ne pas se comparer. La tendance est à s'épier, se regarder et tenter de suivre le rythme au risque de s'essouffler.

Quel est votre délai d'attente?

Je travaillais sur mon livre à la bibliothèque et je me suis mise à feuilleter un ouvrage qui a attiré mon attention. Dans *Le mythe de la réussite*, le psychologue Alain Caron parle du délai d'attente.[7] Cette capacité à reporter un plaisir à plus tard dans le temps. Une forme d'auto-contrôle complètement opposée à l'impulsivité. Ce qui est intéressant, c'est quand il compare le délai d'attente chez l'adulte à celui de l'enfant. Il donne en exemple la capacité d'un adulte de s'arrêter à un feu rouge sans fulminer ou de suivre un conducteur lent en voiture sans sentir la rage monter en lui, ou encore sa capacité d'arriver au guichet automatique pour faire un retrait où deux personnes attendent déjà en file sans se dire qu'il repassera le lendemain parce qu'il n'a pas le temps d'attendre. Selon lui, l'adulte d'aujourd'hui a parfois plus de difficulté à attendre que les enfants. Trop intéressant!

Cette notion d'auto-contrôle est très sensée dans une famille nombreuse comme la mienne. Ma petite dernière a entendu plus souvent que tous les autres la phrase « Attends une minute, ce ne sera pas long. » Plus que les autres, elle a eu à développer son sens du délai d'attente. À l'inverse, mon plus vieux a beaucoup moins d'auto-contrôle et a tendance à être beaucoup plus exigeant.

Personnellement, mon délai d'attente n'est pas vraiment très long. Je fulmine souvent devant mes enfants contre les lambins sur la route. Il m'arrive aussi de rager quand je dois attendre en file à l'épicerie parce que des caisses ne sont pas ouvertes. Je fais partie de ceux qui rebroussent chemin au guichet si trop de personnes attendent devant moi. Mon délai d'attente est assez limité et je me rends compte que je demande l'inverse à mes enfants. J'exige d'eux qu'ils soient patients et respectueux alors que je n'arrive pas à me contrôler moi-même. Je n'ai aucune retenue quand il s'agit de changer de portable ou d'ordinateur. Je demande à mes enfants d'attendre à Noël ou à leur anniversaire pour satisfaire leurs besoins et je fais l'inverse en répondant immédiatement au moindre de mes caprices de consommation.

« Une société au rythme accéléré comme la nôtre » écrit Alain Caron, « offre aux enfants ayant une fragilité neurologique sur le plan de l'auto-contrôle un contexte qui amplifie leurs difficultés, puisqu'ils répondent très bien au haut niveau de stimulation que nous leur offrons, mais sans disposser des freins nécessaires pour ralentir. Ils sont sur une piste d'accélération, mais sans moyen de freinage lorsque le mur arrive![7] » Exprimé de cette façon, ne trouvez-vous pas, que c'est alarmant?

Selon le psychologue, l'enfant devient en mode surcharge parce qu'on lui demande d'être performant. La valeur des enfants repose alors sur leur rendement. Ils sont ainsi plus souvent confrontés à l'échec et leur estime peut en souffrir. Nous voulons ce qu'il y a de mieux pour nos enfants et, paradoxalement, nous leur montrons le pire. De l'avis de monsieur Caron, en tirant sur la fleur pour qu'elle pousse plus vite dans un souci d'efficacité et de performance, nous allons à l'encontre du processus naturel du développement de l'enfant qui a besoin de temps et il va jusqu'à dire que nous corrompons sa nature. Ça me fait réfléchir!

Sommes-nous alors vraiment surpris que nos enfants de huit ans entrent en pré-adolescence aussi tôt?

Mon plus vieux est très grand de nature. Son père est grand, je le suis aussi, alors il dépasse facilement ses camarades de classe d'une bonne tête, sinon plus. Les gens le voient inévitablement plus vieux que son âge. Son père et moi tombons aussi dans le même piège.

Nous sommes très exigeants envers lui et nous avons des attentes qui ne reflètent pas la réalité, sa réalité. Le pauvre est déchiré entre répondre aux attentes et correspondre à l'image que les gens ont de lui, celle d'un garçon plus vieux et d'une plus grande maturité, et se comporter comme n'importe quel jeune garçon de dix ans avec le niveau de maturité de son âge. Ce n'est pas facile pour lui, il ne se sent pas à la hauteur et il est souvent en situation d'échec. Bien sûr, son estime de lui en souffre. Il ressent le besoin de prouver qu'il est bon et plus vieux que son âge, mais quand il réagit comme un enfant de son âge, il se fait réprimander. Il nous en donne plus parce que nous lui en demandons plus, nous en demandons plus parce qu'il nous en donne plus... Reconnaître qu'il a des limites et nous adapter à son rythme à lui est ici la clé pour lui redonner confiance en qui il est et qu'il cesse de se sentir obligé de répondre à des attentes qui ne lui appartiennent pas.

Facile à dire, mais pas facile à faire au quotidien. Cette situation me demande beaucoup d'auto-discipline parce que j'ai tendance à lui donner plus de responsabilités. D'autant plus qu'il est l'aîné de la famille!

La recherche du bonheur

Est-ce que, pour être heureux, il faut nécessairement tout avoir? La définition du bonheur passe-t-elle par la réussite sociale, celle qui classe le bonheur selon les avoirs d'une personne? Est-ce que notre désir de tout avoir nous fait faire fausse route en nous laissant croire que, pour être heureux, il nous faut une maison, une carrière, des enfants, un couple heureux, deux voyages par année, un chalet et une certaine aisance financière?

Nombreux sont ceux qui ont déjà tout et qui cherchent toujours et encore le fameux bonheur sans jamais sembler pouvoir mettre la main dessus. Peut-on saisir ce bonheur et le figer? Il suffit d'ouvrir les yeux pour constater que la vie est faite de petits, tout petits instants de pur bonheur qui passent aussi vite qu'ils sont apparus. Un clin d'œil et c'est terminé. Les enfants en sont le plus bel exemple. Une minute, ils rient aux éclats et, l'instant suivant, ils sont en pleine crise de larmes et la fin du monde est arrivée.

Nous nous interrogeons souvent mon mari et moi pour définir quel genre d'enfants nous élevons en leur donnant accès à tant de possibilités? Mes enfants vivent dans la ouate. Sont-ils plus heureux? Absolument pas. Ils sont même très exigeants, ils ne se contentent pas de peu. C'est entièrement de notre faute. J'ai fait un voyage en Afrique avec mon conjoint et j'ai vu des enfants vivre dans la pauvreté extrême. Pas d'électricité, pas de services sanitaires dans la maison, le strict minimum et souvent même moins. Je me suis demandé si ces jeunes étaient heureux. En les voyant, je me suis dit que oui, fort probablement. Quelle est pour eux la définition du bonheur?

Existe-t-il une définition universelle? Quelqu'un quelque part s'est-il levé un matin en décrétant que le bonheur c'était ÇA? Et qu'à partir de ce moment, pour être heureux et avoir accès au bonheur, tout le monde devait chercher ÇA dans sa vie! Mais ÇA, c'est vaste et n'a pas la même valeur ni la même signification pour tout le monde. Une femme au Kenya ne trouvera pas le bonheur à la même source qu'une femme en Iran ou au Québec!

Je dois vous avouer que je ne considère pas que j'ai le bonheur facile. J'ai tendance à voir le verre à moitié vide. Avec moi et Mère Supérieure pas très loin, c'est souvent tout ou rien. Ou bien je suis la meilleure et au top, ou bien je suis la pire et bonne à rien. Avec de l'aide, beaucoup d'aide, j'apprends à voir les choses plus en nuances. Je commence à saisir l'idée que le bonheur est plutôt un état intérieur. Un état qui fait du bien, doux, qui ne vit ni dans le besoin ni le manque, mais dans le rapport aux autres. Il se partage aussi, sinon il n'a pas sa raison d'être. Mère Supérieure, tout en haut de sa tour d'ivoire, ne goûte pas vraiment au bonheur... c'est quand elle accepte de descendre qu'elle peut espérer en profiter.

De quoi ai-je besoin pour être plus libre et ouverte? D'écouter mes limites, d'abandonner mon désir de performer, de me prouver? La vie est remplie de contraintes qui viennent se placer sur mon chemin et auxquelles je ne réagis pas toujours comme je le voudrais. Quelqu'un d'extraordinaire m'a appris que le premier pas à faire est d'accepter l'état dans lequel je me trouve, et ne pas nier ce qui est là pour moi à ce moment pour me rapprocher de ce que je désire vraiment. Je la crois... j'essaie... très fort!

CHAPITRE

8

Gérer le déséquilibre

Il n'y a pas de grande tâche difficile qui ne puisse être décomposée en petites tâches faciles.

— Adage bouddhiste

C onstat : sans faire une étude exhaustive, simplement en regardant les couples autour de moi, je constate que ceux dont les deux conjoints ont des carrières très accaparantes sont presque tous séparés.

Par contre, parmi les couples où l'un des deux conjoints a ralenti pour maintenir l'équilibre dans la famille, nombreux sont ceux qui ont réussi à passer à travers le tumulte sans y laisser leur peau. Ce constat n'a absolument rien de scientifique, mais il en dit long sur la gestion du déséquilibre au sein d'une famille et des nombreux défis auxquels doivent faire face les familles aujourd'hui. C'est loin d'être simple et encore moins facile!

Choisir ses batailles

Selon moi, l'ennemi numéro un de l'équilibre est la perfection. S'attarder aux moindres détails quand on a des enfants peut mener tout droit à l'épuisement. Le problème n'est pas seulement que nous tenions à tout faire, mais que le niveau acceptable de la notion de *bien* faire les choses est très élevé et frôle même la perfection!

Chez moi, j'ai tendance à accorder la même importance à presque tout. Les chaussures qui traînent m'énervent autant que la vaisselle sur le comptoir. Je sais, mon mari me le répète souvent, je dois choisir mes batailles. Une maison qui *reluit* avec des enfants, c'est impossible! Je perds un temps fou tous les jours à ramasser jouets, vêtements, gobelets, ballons, vélos! Je râle, je maugrée et, chaque jour, c'est à recommencer.

Choisir ses batailles est essentiel pour la survie de l'équilibre familial. Je suis du genre à partir en guerre rapidement. J'abandonne rarement, ce qui fait que je suis souvent épuisée et exténuée.

La vie m'a fait le cadeau d'avoir quatre enfants et, en même temps, m'a forcée à revoir mes priorités. Nous aimons beaucoup aller au restaurant, mais avec les enfants, quarante-cinq minutes assis sans bouger est un exploit. Nous optons plutôt pour la livraison ou les plats à emporter. Ma fille de quatre ans veut absolument s'habiller seule, sauf que ses goûts vestimentaires sont discutables. Je me suis battue avec elle quelques matins pour me rendre à l'évidence que son destin n'en dépendait aucunement et que ça me sauvait un temps fou. Alors, je la laisse exprimer son sens créatif et ainsi tout le monde est content. J'adore recevoir des amis à la maison. J'aime épater la galerie sauf que, comme le temps me manque, j'ai le choix entre ne plus recevoir ou accepter de passer de cinq à trois services et de dire oui à toutes les offres de mes invités de contribuer au repas d'une façon ou d'une autre.

Inutile de vous dire que Mère Supérieure n'est pas du tout contente quand je range les armes.

Ma plus grande et difficile bataille est celle du sucre! Chaque jour, je pars en guerre contre la quantité phénoménale de sucre qu'ingurgitent mes enfants. On ne s'en sort pas, il est partout et dans tout! Mon mari ne cesse de me répéter que nous avons fait pire et que nous avons mangé des petits gâteaux en boîte, du beurre d'érable artificiel et du fromage fondu en pot sans scrupules durant toute notre enfance. Il a raison, mais nous sommes beaucoup plus conscients et instruits sur le plan d'une saine alimentation que nos parents pouvaient l'être. Je ne peux m'empêcher d'être obsédée par cette lutte contre le sucre, mais je dois avouer que j'en paie le prix parfois. Le plaisir de voir les yeux des enfants devant un bon gâteau au chocolat ou leur excitation quand je leur annonce qu'ils peuvent aller au dépanneur...

Une fois n'est pas coutume! En acceptant d'abandonner certaines batailles inutiles, j'élimine alors une pression énorme au sein de la famille et l'équilibre est ainsi plus facile à gérer.

Former un patrimoine

Si, pendant quelques années, un des deux conjoints décide de renoncer à son salaire en demeurant à la maison, il va sans dire que cela peut donner lieu à un grand déséquilibre dans le budget familial.

Premièrement, force est d'admettre que de vivre aux crochets de quelqu'un d'autre n'est pas évident. Ce n'est surtout pas populaire de nos jours. Pour certaines personnes, ce petit détail relève de la pure folie. Laisser aller son autonomie au profit d'un équilibre familial est difficile, surtout aux yeux des autres. J'ai trouvé cet aspect ultra difficile au début. Accepter que mon conjoint devenait le principal pourvoyeur allait à l'encontre de mon éducation.

Je suis née en 1973. Mes parents se sont divorcés en 1979. J'ai fait partie de la toute première vague des enfants du divorce. Je me rappelle que certains de mes amis ne pouvaient plus jouer avec nous parce que nous venions d'une famille éclatée! Ma mère s'est retrouvée seule pour nous élever, ma sœur et moi. Elle avait une pension alimentaire, mais mon souvenir est qu'elle en a beaucoup arraché et qu'elle a dû travailler fort pour joindre les deux bouts. L'autonomie et la sécurité financière étaient donc pour elle, des incontournables dans la vie d'une femme, et avec raison.

Mon modèle de famille est légèrement différent du sien. Ça fait vingt ans que je suis en couple avec le même homme. Au fil des ans, nombreuses ont été les occasions de mettre fin à notre union. Plusieurs événements sont venus tester la solidité de notre couple : nombreux déménagements, changements d'emploi, naissance des enfants, mais chaque fois, nous avons choisi de continuer notre route ensemble, côté à côte. À chacun de ces tournants, nous nous sommes *choisis* de nouveau. Le défi d'élever des enfants est de loin celui qui met le couple le plus à rude épreuve. Chaque jour, ils nous confrontent et les occasions de ne pas être d'accord avec la douce moitié se multiplient avec l'arrivée de chaque enfant.

Au début de notre relation, nous faisions le même salaire, mon conjoint et moi. Ce sont mes économies que nous avons utilisées pour le dépôt lors de l'achat de notre première maison. Avec les années, sa carrière a pris de l'importance et son salaire aussi. Nous avons fait des choix de vie qui lui ont permis de s'épanouir professionnellement. Un écart s'est naturellement creusé entre nos deux revenus. Notre rythme de vie a changé et j'ai dû me rendre à l'évidence que je ne suivais plus le tempo. C'est grâce au dialogue et à son ouverture d'esprit à me rappeler que nous formions un patrimoine, que j'ai pu m'adapter à la situation.

Je vous l'ai dit, c'est le regard des autres qui a été le plus difficile à accepter. Mère Supérieure refusait de vivre aux crochets d'un d'autre. Ma mère a été l'une des premières à exprimer son malaise par souci et par amour pour moi. Sa première réaction, quand elle a vu que je mettais ma carrière en veilleuse après l'arrivée de bébé numéro trois, a été de me demander comment j'allais subvenir aux besoins de la famille. Deux femmes, deux générations, un enjeu : l'autonomie.

Le fait qu'on puisse trouver son bonheur à être une ménagère tout en dépendant de quelqu'un d'autre sur le plan financier va à l'encontre du combat pour les droits des femmes des soixante dernières années. Selon Maria De Koninck, sociologue de la santé et professeure à la retraite de l'Université Laval, la perte d'autonomie financière de ces femmes, même transitoire, n'est pas sans inquiéter nombre de féministes. « Se retirer pour une longue période du marché du travail, c'est se placer en position de danger de dépendance. Il ne faut pas condamner le choix de ces mères, mais il n'en demeure pas moins que c'est quelqu'un d'autre qui gagne les sous. »[1]

Ma mère, et la plupart de ses sœurs, n'ont pas eu la chance de faire de grandes et longues études dans leur jeunesse. Leurs frères ont eu droit à des opportunités d'affaires que les femmes de la famille n'ont pas eues. Pas surprenant que le mouvement féministe ait lutté fort pour voir le plus grand nombre possible de femmes prendre le chemin de l'école, devenir indépendantes et autonomes et, surtout, ne pas attendre après un homme pour devenir quelqu'un! À l'époque, ce n'était clairement pas un choix!

La liberté passe par l'éducation. Les efforts ont porté des fruits. Nous ne sommes plus les mêmes femmes et les choix que nous avons aujourd'hui, nous les devons à ces pionnières du mouvement féministe. Nous avons fait beaucoup de chemin et réalisé de grandes choses grâce à elles. Nous avons maintenant des acquis qu'il ne faudrait surtout pas tenir pour acquis!

Je pense à des femmes inspirantes pour qui j'ai beaucoup de respect. En commençant par mes deux grands-mères, deux grandes femmes. L'une, ma grand-mère maternelle, a eu seize enfants et a été le pilier de la famille pendant que son mari bâtissait une entreprise florissante. Sans elle, même si ça semble cliché, il n'y serait pas arrivé, et cela, tout le monde le sait! L'autre, ma grand-mère paternelle, qui tenait tête au curé en faisant chambre à part pour contrôler les naissances et qui était tellement en avance sur son temps, a eu cinq enfants.

Ces deux femmes auraient-elles voulu que leurs vies soient différentes? Mon souvenir d'elles est loin d'être celui de femmes soumises qui subissaient leur destin. Elles étaient cultivées, brillantes, et leur plus grande qualité était d'être des femmes de cœur. Ont-t-elles eu des regrets? Peut-être, je crois qu'on en a toutes, quels que soient nos choix dans la vie. Mais elles vivaient à une époque où ce n'était pas un choix. Choisir d'avoir des enfants voulait dire en prendre soin. Elles ne pouvaient pas compter sur des garderies à sept dollars et penser se réaliser à l'extérieur de la maison. Elles se sont épanouies autrement.

Je trouve dommage que certaines personnes voient comme extrêmement rétrograde et réducteur, voire néfaste pour l'image de la femme, le fait de faire le choix de rester à la maison après avoir eu des enfants. Je pense que l'autonomie financière passe par plus qu'un compte en banque personnel. Quand j'ai fait ce choix, je vous avoue que j'ai eu peur. Même si j'essayais de me convaincre que c'était la chose à faire, parfois ça sonnait faux. Des clichés comme : elle vit aux crochets de son mari ou elle dépense l'argent de son mari font mal à entendre parce que, oui, on les entend encore à l'occasion. Il y a beaucoup de jugements autour de ce sujet extrêmement personnel et délicat.

La planificatrice financière Lison Chèvrefils suggère d'analyser nos dépenses sous la loupe de nos valeurs. « Le budget, c'est plus qu'une colonne de chiffres. Derrière chaque dépense, il y a des choix, des priorités. Pour décider où couper, on doit se demander quelle importance on accorde à chacune. »

Par exemple, certaines familles se passent d'une deuxième voiture. Pour d'autres, un deuxième véhicule est non négociable. On peut acheter une maison plus petite, magasiner dans les friperies plutôt que dans les boutiques, emprunter des livres à la bibliothèque au lieu de les acheter. Il existe tellement de façons de faire lorsqu'il est question du budget familial.

Madame Chèvrefils insiste sur le fait que, pendant les années passées à la maison, la femme ne cotise plus à la Régie des rentes du Québec, ce qui réduit le montant qu'elle recevra à la retraite. Si le conjoint en a la capacité financière, Lison Chèvrefils recommande qu'il contribue au REER de la personne qui ne travaille plus.

Je crois que ce qui a changé, c'est l'évidence que les femmes d'aujourd'hui connaissent, de toute évidence, leur valeur. Il faut se responsabiliser et participer activement aux différents achats et placements du revenu familial. Connaître la situation financière de son conjoint, participer à la tenue d'un budget et d'une allocation, contribuer si possible à un REER malgré les années sans revenus, c'est la base d'une sécurité et d'un partage équitable d'un patrimoine familial. Ce n'est pas toujours réaliste, je sais, mais ce serait souhaitable.

Nous sommes loin du modèle de la femme soumise à son mari pourvoyeur. Il est réjouissant et encourageant de voir à quel point cette décision se prend maintenant à deux, dans le souci de l'autre et de ses besoins.

Une question de société

Kathleen Couillard, mère à la maison, fondatrice du *Journal des mamans rebelles* et détentrice d'une maîtrise en microbiologie et immunologie, dit ceci : « (…) Mais travailler, pour une femme, c'est plus complexe que ça. Il faudrait un monde du travail mieux adapté aux femmes. J'aimerais que les mères qui restent un temps à la maison soient soutenues, mais aussi qu'elles aient d'autres choix que le boulot à temps plein ou l'arrêt total. Pour l'instant, c'est à peu près impossible de trouver une bonne garderie qui offre une place deux jours par semaine. »

Elle est d'avis qu'il faut aller encore plus loin en matière de conciliation famille-travail. « Il faut doter notre société de meilleures ressources collectives. On pourrait par exemple créer des milieux de plus grande qualité dans les centres de la petite enfance, afin que les femmes n'aient pas le sentiment d'abandonner leur enfant. Il faut aussi améliorer les conditions d'emploi des parents. Pourquoi ne pas leur donner la possibilité d'effectuer un retour progressif au travail? »[2]

L'étude que Nathalie Saint-Amour et Mélanie Bourque ont publiée en 2013 pour le compte de l'Institut national de santé publique du Québec permettra de mieux comprendre où en est le Québec en ce qui a trait à la conciliation travail-famille. Intitulée : *Conciliation travail-famille et santé, Le Québec peut-il s'inspirer des politiques gouvernementales mises en place dans d'autre pays?*, l'étude fait état des exigences contradictoires de la vie familiale et de la vie professionnelle et de leurs répercussions sur la santé des parents travailleurs. Elle démontre clairement le déséquilibre que vivent la plupart des parents et s'inspire des différentes politiques en matière de conciliation travail-famille adoptées dans divers pays en vue de doter le Québec d'un meilleur équilibre. Si vous en avez le temps, je vous suggère d'y jeter un œil! Sinon, voici quelques extraits forts intéressants de cette étude.

Voici un exemple de ce qui se passe en Australie et dont le Québec pourrait s'inspirer :

« En 2009, avec l'adoption du *Fair Work Act*, le gouvernement australien a modernisé ses normes du travail en remplaçant l'*Australian Fair Pay and Conditions Standard* par le *National Employment Standard* (NES). Le NES constitue le filet de sécurité minimum pour les travailleurs. Il introduit le droit, pour les parents d'enfants d'âge préscolaire ou d'enfants mineurs vivant avec un handicap, de demander à leur employeur d'aménager leur emploi afin de le rendre plus adapté à leur réalité familiale. Désignés comme *Flexible Work Arrangements,* les aménagements peuvent prendre la forme d'une modification de l'horaire de travail (réduction du temps de travail, entente sur l'heure du début et de la fin de la journée), de la forme de l'emploi (partage de poste, horaire coupé) ou même du lieu de travail (à partir du domicile ou d'un autre endroit). Le parent travailleur qui occupe un emploi régulier peut se prévaloir de ce droit s'il œuvre auprès du même employeur depuis au moins douze mois au moment de faire sa demande. » Voilà une politique qui tient compte de la réalité des parents de jeunes enfants et qui s'adapte pour faciliter la vie familiale.

Selon les auteurs de l'étude, aucune mesure de ce type n'a été mise en place à ce jour au Canada. « C'est, entre autres, le cas du Québec qui ne propose aucune mesure d'aménagement du temps de travail comparable à ce qui vient d'être évoqué. »[3]

L'étude fait en outre valoir que « les employés qui ont le sentiment de bénéficier d'une certaine flexibilité dans leur emploi vivent moins de conflits travail-famille, ils sont moins tendus, se disent en bonne santé et sont moins susceptibles de vivre un épuisement professionnel. La flexibilité perçue et le sentiment d'avoir accès à des mesures de conciliation dans le milieu de travail font en sorte que les travailleurs sont plus engagés envers leur employeur et moins susceptibles de quitter leur emploi. »[4]

Le rythme de la vie contemporaine est exigeant. « En effet, en 2005, 46,6 % des travailleurs québécois à temps plein âgés de 25 à 44 ans se disaient pressés par le temps. (…) Cette proportion est plus forte chez les femmes de 25 à 44 ans qui sont actives à temps plein sur le marché du travail. En moyenne, celles-ci disent ressentir davantage la pression du temps que leurs homologues masculins. (…) Plusieurs se sentent tendus lorsqu'ils manquent de temps et sont inquiets de ne pas pouvoir consacrer suffisamment de temps à leur famille ou à leurs amis. Ce n'est pas étonnant puisque les couples avec enfant affirment dans une proportion de 93,9 % que la famille et la vie de couple représentent, pour eux, les valeurs les plus importantes alors que seulement 4,3 % affirment que c'est leur vie professionnelle. »[5]

Pas étonnant que nous soyons aussi tendus. Notre mode de vie ne correspond pas du tout à nos priorités et à nos valeurs fondamentales. Nous passons plus de temps au travail alors que notre cœur est ailleurs. Nous vivons dans un monde de frustration avec le sentiment profond de ne jamais être là où nous devrions. Et, toujours selon l'étude, ce sont encore une fois les mères qui ressentent le plus cette tension.

Pour les auteures de l'étude, « non seulement les congés annuels sont importants pour les parents, mais les congés pour responsabilités familiales doivent également être considérés comme un facteur déterminant de l'équilibre travail-famille. Dans les normes du travail, le Québec propose dix journées de congé pour responsabilités familiales ou parentales. Ces journées ne sont toutefois pas remunérées. Il faudrait réfléchir à la question de la rémuneration, au moins en partie, de ces dix journées. (…) Les travailleurs de presque tous les pays recensés et de la Saskatchewan ont des congés annuels plus longs que ceux des travailleurs québecois. Malgré une protection sociale généralement moins généreuse, même les travailleurs des pays anglo-saxons sélectionnés ont des vacances plus longues qui varient entre 27 et 36 jours par année incluant les jours fériés. »[6]

Je trouve cette recommandation des plus pertinentes, surtout quand on considère, toujours dans ce rapport, que les parents s'absentent sept fois plus que les autres travailleurs pour des raisons d'ordre familial, comme le signale l'étude. Les parents qui ont des enfants d'âge préscolaire sont ceux qui s'absentent le plus. Un écart marqué entre les genres est aussi observable quant au nombre d'heures annuelles d'absence pour obligations personnelles et familiales : en 2007, les femmes cumulaient 80,6 heures contre 19,5 heures pour les hommes.[7]

On ne s'en sort pas. Les femmes sont celles qui conduisent les enfants chez le médecin, le dentiste et tous les autres spécialistes. Dans ce domaine encore, nous sommes loin du partage égal des tâches. Est-ce une question de sa-

laire, de responsabilités, de préférences? Une amie me disait que malgré le fait que son salaire soit beaucoup moins
important que celui de son conjoint, leurs deux emplois
ont la même importance. Une réunion n'est pas plus importante que celle de l'autre et aucun des deux conjoints ne
fait passer son travail avant celui de l'autre.

Je dois dire que chez nous, les choses se passent dif-
féremment. Par contre, jamais je ne me sens moins *importante*. J'essaie toujours de m'organiser par mes propres
moyens et, c'est en dernier recours que je demande à mon
conjoint de conduire un enfant à un rendez-vous ou de re-
pousser une réunion pour pallier à mon absence. Dans ces
circonstances, je peux toujours compter sur lui, malgré la
différence de salaire. Dans chaque cas, il s'agit d'une
entente entre les deux parties et d'un respect mutuel bien
établi. Je ne crois pas qu'il soit question de pouvoir. Encore
moins d'une lutte de pouvoir.

Dans les médias, on essaie de nous faire croire que
les femmes doivent reprendre leur pouvoir en main, qu'elles
ne doivent pas renoncer à des promotions et autres changements de statut et de salaire sous prétexte qu'elles ne
sont pas prêtes et que ce n'est pas le bon moment. On
nous dit que les hommes sont partout et que les femmes
sont sous-représentées dans des milieux comme les affaires
et la politique, entre autres.

Personnellement, je me sens interpelée par ce genre
de constat, en ce que je me sens poussée à performer davantage. Je perçois dans cette observation une façon de me
dire que je ne suis pas suffisamment ambitieuse. C'est
certain que ma Mère Supérieure se sent directement visée.
Et si c'était simplement que, pour l'instant, mes priorités
sont ailleurs? Est-ce suffisamment ambitieux que de vouloir

donner un peu de temps et d'énergie à la génération de demain?

Au fond, qu'est-ce que l'ambition? Selon *Le Petit Larousse Illustré 2015*, il s'agit d'un désir ardent de réussite, de fortune ou encore d'un désir profond de quelque chose, d'un but.» Et si on revoyait les moyens de s'y prendre pour y arriver? Une femme a-t-elle le droit de se sentir puissante et ambitieuse sans se retrouver à la tête d'une entreprise ou au sein d'un comité où siègent des dizaines d'hommes?

Selon Rose-Marie Charest, présidente de l'Ordre des psychologues du Québec, la prise de pouvoir ne se limite pas à l'accès aux postes de dirigeants et peut avoir plusieurs facettes, à commencer par un siège au conseil d'administration de la garderie des enfants. Faire du bénévolat, s'impliquer, donner de son temps peut s'avérer tout aussi valorisant que de travailler contre rémunération. Bien sûr, encore faut-il avoir le choix! Il est évident que plusieurs femmes aimeraient avoir ce choix, mais c'est impossible. Dans les cas où ce serait possible, il serait souhaitable que ce choix soit reconnu et que la femme se sente soutenue au même titre que celle qui choisit d'aller en politique ou de devenir associée dans un bureau d'avocats. À la base, vouloir devenir une mère, n'est-ce pas en soi un projet ambitieux?

Je sourcille quand je lis des propos comme ceux qui suivent, tenus par Monique Jérôme-Forget : « Payez de l'aide durant cinq ans, ce n'est rien dans une carrière! Mais refuser des promotions, ça, ça te retarde.» Ce genre de commentaire me donne l'impression qu'elle fait passer les enfants pour des obstacles à l'avancement et au développement social et professionnel de la femme. Comme si, pour madame Jérôme-Forget, la réalisation de soi devait absolument passer par la carrière et le dépassement professionnel, et que les enfants n'avaient pas vraiment un rapport dans cette équation.

Voilà qui met à mon avis une pression énorme sur le dos des femmes. En entendant de tels propos, je ne suis pas étonnée de voir autant de femmes essayer d'être des *superwomen* et de vouloir prouver au monde entier qu'elles sont capables!

Bon, soyons honnêtes, avec Mère Supérieure, je n'ai pas besoin de Monique Jérôme-Forget pour me mettre de la pression! Ce que des propos comme ceux-ci passent sous silence selon moi, c'est qu'il y a un prix à payer pour cette facture. Ce sont les femmes qui la défraient le plus souvent et elle peut parfois être très salée.

Je rêve du jour où nous pourrons faire des choix exempts de culpabilité. Que celles qui veulent poursuivre une carrière et ne pas ralentir le rythme, malgré le fait qu'elles ont fondé une famille, puissent le faire sans avoir comme arrière-pensée que leurs enfants vont souffrir de leur absence et qu'ils vont devenir des adolescents troublés avec des problèmes affectifs. Aucune mère n'est à l'abri d'une telle chose, pas même celles qui consacrent toute leur vie aux enfants. Que celles qui choisissent d'être plus présentes auprès de leur famille et d'abandonner carrière et salaire puissent le faire sans penser qu'elles font reculer la cause des femmes ou qu'elles passent obligatoirement à côté de quelque chose.

À la lumière de mes lectures et de mes rencontres avec de nombreuses femmes, je constate qu'il n'y a pas de mauvais choix. Le bon modèle est celui qui me convient en tant qu'individu et nous convient en tant que couple. Peu importe le mode de vie choisi, il y a un prix à payer et c'est mon seuil de tolérance à ce prix qui déterminera ma qualité de vie.

Télétravail : avantages et inconvénients

Je travaille principalement de la maison. Il y a de nombreux avantages à le faire : aucune circulation, un horaire assez flexible, aucun code vestimentaire, pas de lunch à faire ni de restaurants à payer. Pour ceux qui vivent les contraintes de se rendre au bureau chaque jour, ces conditions peuvent avoir l'air très attrayantes.

Avez-vous déjà pensé aux inconvénients du travail à la maison? Ce n'est pas toujours facile de se motiver. Au bureau, les collègues sont là pour vous sortir de votre rêverie, vous stimuler à performer ou vous inspirer si vous êtes en panne d'idées. À la maison, les chaises de la salle à manger et le four à micro-ondes ne sont pas très stimulants. Côté vestimentaire, c'est vrai que c'est simple et pratique, mais revêtir une tenue décontractée tous les jours peut devenir monotone. Les talons hauts et les tailleurs me manquent parfois.

À la maison, je ne peux pas compter sur un service de ressources humaines pour régler les conflits internes ni sur le soutien d'un service technique pour régler mes problèmes d'informatique. Je cumule tous ces services à moi toute seule, sauf que je n'ai pas les compétences voulues. J'aurais envie parfois de réunir tout le monde dans la salle de conférences pour m'assurer que j'ai pris la bonne décision ou pour discuter de celle que j'ai à prendre. Je n'ai pas de salle de conférences et je n'ai personne à inviter à ma réunion.

Ce sont mes amis qui me servent de conseil d'administration dans différents dossiers. Je me suis rendu compte au fil des ans que c'était sain de former un comité consultatif et de ne pas hésiter à y avoir recours aussi souvent que nécessaire. Dans ce groupe se retrouvent des femmes et des hommes, avec ou sans enfants, qui me connaissent et qui me prodiguent de bons conseils afin de voir clair dans des dossiers importants. Avoir un réseau sur lequel je peux compter est primordial et essentiel pour garder le cap et me requinquer en cas de besoin. Ces personnes ne me disent pas seulement ce que j'ai envie d'entendre, au contraire, elles sont là pour me mettre au défi et me dire les vraies affaires.

Même si j'adore travailler de la maison, gérer mon agenda et avoir un horaire flexible, il m'arrive d'avoir envie de me *sauver* au bureau pour me sortir du quotidien, qui finit par peser lourd sur mes épaules. Au même titre que la femme qui travaille dans un bureau tous les jours et qui rêve de ne pas se coiffer ni se maquiller et de rester en pantoufles, assise devant son ordinateur dans le confort de son foyer.

C'est assise sur ma terrasse que j'écris ces lignes et je dois vous avouer qu'à l'instant même, je n'ai aucune envie de me sauver où que ce soit! Il y a des avantages et des inconvénients à chaque situation!

CHAPITRE

9

Féminisme 3.0

La flèche et la cible ont un accord secret.
Faut-il encore que la cible veuille accueillir la flèche
et que celle-ci vise la cible.

— Jacques Salomé

Suis-je féministe?

Je suis consciente de m'aventurer ici sur un terrain assez glissant. Il y a probablement autant de définitions de ce qu'est ou devrait être le féminisme que de gens à qui on peut poser la question. Il n'y a rien de scientifique dans le féminisme, c'est un concept qui évolue et qui est en constante mouvance.

« Le féminisme est un ensemble de mouvements et d'idées politiques, philosophiques et sociales, qui partagent un but commun : définir, établir et atteindre l'égalité politique, économique, culturelle, personnelle, sociale et juridique entre les femmes et les hommes. Le féminisme a donc pour objectif d'abolir, dans ces différents domaines, les inégalités homme-femme dont les femmes sont les principales victimes, et ainsi de promouvoir les droits des femmes dans la société civile et dans la sphère privée.[1] »

Avant de continuer, j'aimerais apporter une précision sur deux termes lesquels, je crois, sont au centre de ce sujet important. Le premier : l'égalité. Le deuxième : l'équité. Bien définir et faire la distinction entre ces deux termes sert ici très bien le propos. L'équité fait partie des démarches à mettre en œuvre pour atteindre l'objectif d'égalité des femmes et des hommes.

On parle souvent indistinctement de l'égalité de genre ou de l'équité de genre. L'égalité de genre est le fait de fournir aux femmes et aux hommes les mêmes droits, opportunités, ressources dans tous les domaines. L'équité de genre est le fait d'avoir un traitement différent entre femmes et hommes pour corriger des inégalités de départ et atteindre l'égalité.[2] Le mouvement féministe a fait beaucoup pour l'égalité entre hommes et femmes. Il faut toutefois admettre qu'il reste encore beaucoup à faire pour atteindre l'équité, et ce, dans plusieurs domaines.

Je me rappelle d'un souper entre amies où j'ai abordé le sujet. La question que j'ai eu envie de poser en était une de fond : où en est le féminisme et comment devrait-il continuer à évoluer dans un contexte moderne où bien des choses ont changé? Un sujet passionnant qui soulève bien des opinions et des passions tant chez les femmes que chez les hommes.

Je suis une femme. J'aime les femmes. Si je prends le temps de poser la question, c'est parce que je me sens très concernée. En me questionnant, j'ai même fait le constat que c'est parce que le féminisme me tient tellement à cœur, que je veux rouvrir la discussion et continuer de faire avancer une cause qui, à mon avis, a fait beaucoup de progrès, et en laquelle je crois.

Il faudrait plus précisément définir ce qu'il reste à faire. Je tiens à préserver les acquis durement gagnés par des femmes exceptionnelles sans qui nous ne serions pas qui nous sommes aujourd'hui et à qui nous devons beaucoup. Je ne veux surtout pas nier ce qui a été fait par le féminisme, mais voir comment nous pourrions l'actualiser davantage et lui donner un souffle qui s'adapterait à une réalité qui a, heureusement, beaucoup changé.

J'ai grandi dans une famille où les femmes sont presque toutes divorcées. La plupart ne sont pas restées en bonnes relations avec leurs ex-conjoints. Cet aspect de ma jeunesse a légèrement teinté ma perception du féminisme. J'ai longtemps pensé que le féminisme signifiait une guerre à gagner par et pour les femmes. En me questionnant sur le sujet, je réalise que c'est loin d'être tout noir ou tout blanc. C'est rempli de nuances et de perceptions.

Quand je parle de féminisme à des gens de mon entourage, j'entends parfois les femmes dire : « Je suis féministe, mais... » Mais quoi? Certaines vont même jusqu'à déclarer qu'elles ne sont *surtout pas féministes.* Qu'est-ce qui justifie de ne pas avoir envie d'adhérer à une cause aussi louable? Du bout des lèvres, certaines femmes de ma génération admettent être féministes. Est-ce dû à la mauvaise presse qu'a obtenue le mouvement dans les années 1960 et 1970, et à l'image négative qui en a découlé? Qu'est-il arrivé? Comment revenir aux idéaux de base, si importants pour nous les femmes, mais aussi pour notre société : les droits des femmes et l'atteinte d'une équité en matière de libres choix?

Annie Cloutier, auteure et doctorante en sociologie de l'Université Laval, écrit : « Le discours féministe plaît aux femmes jusqu'au jour où elles se frottent aux choix réels de la vie de mère de famille. Elles se rendent compte de la difficulté à vivre jusqu'au bout le modèle proposé par le féminisme dominant. » Il est vrai qu'en théorie nous voulons l'égalité, le partage des tâches, être ambitieuses et fonceuses, avoir accès à des postes de cadres et de dirigeantes, mais dans la pratique, avec des enfants, c'est une tout autre histoire.

Notre discours a tendance à changer. Non pas par manque d'ambition, mais parce que l'arrivée des enfants nous force à revoir notre liste de priorités, et ce, pour la majorité des gens, hommes et femmes confondus. Nombreux sont les hommes qui essaient de réduire le nombre d'heures passées au bureau pour passer plus de temps en famille après la naissance des enfants. En valorisant ce genre de comportement, nous pourrions nous rapprocher davantage de notre but d'arriver à un meilleur partage des tâches et à un plus grand équilibre familial.

Je partage ici avec vous le fruit d'une de mes lectures de l'auteure et psychologue Valérie Colin-Simard qui considère, elle aussi, que féminin et masculin doivent cohabiter. Les deux se respectent et font alliance. Selon elle, chaque individu est composé de qualités féminines et masculines. C'est en laissant s'exprimer ces deux pôles que les possibilités s'ouvrent et deviennent envisageables. « Si le guerrier en nous tient compte de la victime, s'il accepte sa vulnérabilité, ses émotions, son besoin de faire une pause, de se reposer, s'il s'autorise aussi à être attentif aux autres et à soi, nous deviendrons alors plus prudents, plus respectueux, plus efficaces. »[3]

Autrement dit, si j'arrive à voir le mal que je fais quand j'essaie d'être parfaite et que j'exige la même chose de mes proches, je vais alors descendre de ma tour d'ivoire et me rapprocher des gens que j'aime. Simplement me mettre au même niveau! J'y travaille, j'y travaille!

Madame Colin-Simard est d'ailleurs d'avis que la lutte de pouvoir entre les sexes n'a plus de sens. Le temps est venu d'unir ces opposés, de les rassembler. De les réconcilier. Je la rejoins dans ses propos. En prônant la réconciliation du féminin et du masculin qui cohabitent à l'intérieur de chaque être humain, nous devenons des êtres plus équilibrés, ce qui nous donne une piste intéressante quant à l'évolution des rôles. « Notre équilibre vient de ce qu'ils sont opposés et complémentaires, » écrit-elle. « Trouver enfin l'unité entre ces polarités, c'est d'abord reconnaître leurs différences. (…) C'est à condition de les séparer que nous pourrons ensuite les réunir. Et les réconcilier. »[4]

Est-ce qu'à trop vouloir *féminiser* les hommes, nous les avons rendus roses et nous avons oublié qu'ils ont besoin de se sentir forts et admirés? D'un autre côté, en envahissant le milieu de travail, n'avons-nous pas, nous les femmes, laissé à la maison notre côté féminin alors que c'est justement ce qui est si recherché dans le monde industriel moderne? D'un côté comme de l'autre, les deux polarités sont nécessaires. En tant que gestionnaire, mon conjoint me confiait qu'il aime se retrouver en présence d'une femme qui assume sa vulnérabilité au travail. Il se donne alors davantage la permission d'accéder à la sienne, qu'il tente souvent de cacher.

Rappelez-vous, il n'y a pas très longtemps, les femmes cachaient, par leur habillement ou par leur façon très masculine de diriger, leur féminité au travail. Vulnérabilité, créativité, émotion, des valeurs dites féminines, ont été parfois mises de côté au profit de valeurs toutes masculines comme la productivité, l'autorité, l'affirmation et la compétitivité.

Selon Valérie Colin-Simard, rien n'a vraiment changé sur ce plan, les femmes cherchent encore aujourd'hui à imiter leurs mères et à prouver qu'elles sont capables de faire comme les hommes et de justifier leurs compétences. Je crois que la diversité est ce sur quoi nous devrions nous concentrer. Prendre les forces de chacun et les mettre en valeur dans le plus grand des respects, sans vouloir rivaliser avec l'autre.

Je lisais un article dans le journal *Globe and Mail*[5] à propos de Marissa Mayer, PDG de Yahoo. La jeune femme a été promue à ce poste alors qu'elle était enceinte. Belle avancée pour les femmes dans le milieu du travail de constater que ses patrons ont fait fi de sa condition et ont plutôt vu tout son potentiel et son talent à accomplir la tâche et à relever le défi qu'ils lui proposaient. Plusieurs se sont dit que cet événement représenterait peut-être un point tournant dans la lutte des femmes pour accéder à des postes de cadres décisifs en entreprise. Ce qui dérange maintenant et qui nous fait constater que le combat des femmes est loin d'être gagné, c'est que madame Mayer n'a pris que deux semaines de congé de maternité.

Les puristes féministes s'insurgent que la presse et le monde entier jugent le choix de la PDG de Yahoo de retourner travailler si rapidement après son accouchement. Ils vont même jusqu'à dire que c'est une intrusion dans sa vie privée que nous n'aurions jamais osé faire avec un homme. Est-ce qu'on pointe du doigt un homme qui reprend le travail la semaine après être devenu père? Non. C'est facile ici de juger le choix de madame Mayer de retourner travailler aussi rapidement. Nous ne connaissons pas toutes les raisons qui se cachent derrière ce choix.

Même si à la naissance le cordon ombilical est coupé, il restera toujours un fil invisible quoique symbolique qui relie la mère à son rejeton. Il est fort, ce lien. Je ne peux pas juger son choix, mais je ne peux pas m'empêcher de me dire qu'elle a dû se faire violence pour se séparer si tôt de son nourrisson.

C'est vraiment pour la mère ici que c'est probablement le plus difficile. Pour le poupon, avoir une présence aimante, enveloppante et rassurante est tout ce dont il a besoin pour se développer. L'amour pur et véritable a-t-il vraiment un âge, un sexe ou une nationalité? On a longtemps voulu faire croire à la mère qu'elle était la seule et unique à pouvoir procurer ce réconfort au poupon. La mère restera toujours la mère, mais peut-être est-il temps de nuancer le discours et d'enlever ainsi un peu de pression des épaules de chacune d'elles.

D'un autre côté, nous semblons passer sous silence toute l'énergie qu'une femme doit déployer pour mener à terme une grossesse de quarante semaines. Est-ce au nom de l'égalité que des femmes sentent le besoin d'être des super héroïnes deux semaines après avoir accouché, en retournant au boulot? Talons hauts, tailleurs et peau de pêche, allez hop, on reprend la routine métro-boulot-dodo! Sauf qu'ici, il faut enlever dodo parce qu'une nouvelle mère ne dort pas beaucoup! Je suis consciente qu'il s'agit là d'un cas exceptionnel, mais il faut parfois aller aux extrémités du spectre pour revenir à un meilleur équilibre. La question ici serait de savoir ce qui est réellement important pour la mère et, bien sûr, pour le poupon.

Un vent de fraîcheur

L'actrice Emma Watson, porte-parole de l'ONU dans le cadre de la campagne *HeForShe*, apporte une belle contribution au mouvement féministe. D'emblée, elle apporte un vent de fraîcheur, de candeur et de nouveauté à la cause. « Nous voulons donner aux femmes le pouvoir de faire exactement ce qu'elles veulent, d'être fidèles à leur vraie nature. Nous voulons qu'elles puissent profiter de toutes les occasions qui leur permettent de s'épanouir. »[6]

Sans le féminisme, les femmes n'auraient jamais atteint le statut qu'elles ont aujourd'hui. Nous en avons parcouru, du chemin depuis le temps où le droit de vote était refusé à nos grands-mères. Mais cette lutte pour l'avancement du statut de la femme dans la société a parfois pris des allures de guerre entre les deux sexes. Comme dans toute guerre, malheureusement, il y a un perdant et un gagnant, qu'il devient difficile ici d'identifier. Je pense que la redéfinition qu'Emma Watson et l'ONU essaient de donner au féminisme aidera beaucoup à la survie et surtout à la poursuite de cette noble idéologie.

Voici un extrait du discours qu'Emma Watson a prononcé à l'ONU (repris dans l'édition du magazine *Elle Québec* de mars 2015) : « J'ai été nommée ambassadrice de bonne volonté d'ONU Femmes voilà six mois et, depuis, à force de parler de féminisme, j'ai réalisé que le combat pour les droits des femmes était trop souvent synonyme de haine contre les hommes. Si je suis certaine d'une chose, c'est que cela doit cesser. Le féminisme est, par définition, *la conviction que les hommes et les femmes doivent avoir des droits et des possibilités égales.* »

Ensemble pour la cause

Dans ma réflexion sur le féminisme, je reviens toujours au même constat : c'est *avec* les hommes que nous allons y arriver, en reconnaissant qu'ensemble, nous formons un tout, fort, puissant et complet. Nous avons besoin des hommes pour bâtir nos familles, trouver l'équilibre et surtout nous encourager, nous soutenir, et parfois même pour nous propulser. Il n'y a rien de mal dans tout cela. Les hommes ont besoin de savoir que nous avons besoin d'eux. Il me semble que ça fait partie de leur ADN.

Il m'arrive d'hésiter à faire savoir à mon conjoint que j'ai besoin de lui. J'ai plutôt la fâcheuse habitude de lui laisser croire que je suis capable toute seule, sans son intervention. Je crois qu'un homme aime savoir qu'il est utile. En tant que mère qui élève deux garçons, je sens une certaine responsabilité. Je ne peux pas m'empêcher de penser qu'une bonne partie de l'égalité des sexes ou, mieux encore, l'équité des choix pour chacun des sexes repose un peu sur l'éducation de ces futurs hommes.

J'ai eu une discussion avec une amie récemment au cours de laquelle nous nous sommes demandé si nos efforts, dans cette quête vers une plus grande équité entre les hommes et les femmes, portaient au bon endroit. En même temps que de donner plus de pouvoir aux femmes sur le plan professionnel, pourquoi ne donnerions-nous pas aussi plus de pouvoir aux hommes au sein de la famille? Nombreux sont les hommes qui se plaignent de ne pas avoir de pouvoir à la maison. Ils finissent par abdiquer et être moins présents.

À la maison, je suis reine et maîtresse à bord! Je ne laisse pas beaucoup de place à mon conjoint pour gérer et prendre des décisions. Je dois même vous avouer que lorsqu'il le fait, il m'arrive de le réprimander ou même de le critiquer! Je ne lui donne pas beaucoup de chances de prendre des initiatives. Déléguer signifie accepter que les choses soient faites, peut-être de façon différente.

Chez nous par exemple, les enfants ne mangeront peut-être pas de façon aussi saine et équilibrée que je le souhaiterais, l'heure du coucher ne sera peut-être pas celle que j'avais demandée, mais lâcher prise et choisir ses batailles veut dire accepter de laisser aller des habitudes contraignantes qui n'en valent pas la peine et qui exigent généralement un temps fou. Quand je demande à mon conjoint de ramasser la vaisselle du souper et de nettoyer la cuisine, tout ce qu'il revendique, c'est de pouvoir le faire au moment qui lui convient. Mère Supérieure doit alors se mordre les doigts et accepter que les assiettes traîneront peut-être sur le comptoir jusqu'à vingt-trois heures, mais en bout de ligne, la tâche sera faite! Pas facile, croyez-moi! Je dois résister à l'envie d'accomplir la tâche moi-même!

Même si ça peut sembler une évidence pour certains, je pense que nous devons commencer par inculquer à nos garçons et à nos filles qu'il n'existe pas de sexe opposé. Que les femmes et les hommes sont différents, mais complémentaires. Que l'idée qu'il y a un sexe fort et un sexe faible ne tient plus la route et que chacun a ses forces et ses faiblesses. Il est important de s'assurer que les enfants ne grandissent plus avec l'idée préconçue que le père est obligatoirement le pourvoyeur. Que c'est en nous unissant que nous devenons une véritable force et non en luttant chacun de notre côté pour avoir une place au soleil.

Afin de corroborer ma pensée, voici une citation d'Annie Desrochers que fait Fanny Britt dans le livre *Les tranchées* : « Les mères ont besoin des pères de leurs enfants. Un père engagé, aimant, présent, voilà la meilleure des politiques sociales qui soit. Et les femmes, toutes les femmes, ont besoin d'hommes qui les voient comme leurs égales. Des hommes prêts à faire équipe dans la sphère privée comme dans la sphère publique. »[7]

Emma Watson défend bien le fait que le féminisme n'est pas là pour dicter une conduite aux femmes. À travers son implication, elle revendique qu'il ne s'agit ni d'un précepte ni d'un dogme, mais que le féminisme vise essentiellement à donner le droit aux femmes de choisir. Grâce à sa vision, plusieurs personnalités publiques lui ont emboîté le pas et ont renchéri. Certaines sont même allées beaucoup plus loin dans cette optique. Je lisais dernièrement une déclaration de l'actrice Sarah Jessica Parker, qui dit ne pas être féministe et affirme plutôt être humaniste. Je trouve la nuance intéressante de par son sens inclusif. L'humanisme touche plus de gens, car il ne s'agit plus uniquement d'une lutte par et pour les femmes. Dans une entrevue accordée à au magazine *Cosmopolitan* dont l'extrait a été repris dans *La Presse*, madame Parker a fait valoir que nous serions beaucoup plus puissants si nous formions un mouvement humaniste.[8]

Voici donc peut-être une nouvelle image du féminisme. Reste à savoir si ce nouveau souffle permettra à tous de se reconnaître et de se retrouver dans les propos et l'idéologie qui y sont prônés.

Parmi les défis modernes du féminisme, je vois l'envie des femmes de reprendre le plein pouvoir de vivre la vie qu'elles veulent. Je me permets même d'aller plus loin et d'espérer que tout se fasse sans culpabilité. Sans canevas ni stéréotypes, et ce, sans oublier le passé et les acquis. Bâtir en regardant vers l'avenir, en inventant de nouvelles façons et en sortant des sentiers battus, mais toujours habitées par la même passion : celle de choisir librement et individuellement dans une pensée collective. Une pensée qui tend vers la reconnaissance et le partage.

CHAPITRE

10

Parce qu'il y a une vie après les enfants

Créer un espace en soi où la rencontre avec le merveilleux de l'autre est possible.

— Jacques Salomé

En tant que parents, nous nous entendons pour dire qu'avec des enfants, la vie va vite. Plus ils grandissent, plus le temps passe rapidement et, avant même qu'on ait le temps de s'en rendre compte, ils sont devenus adultes et prêts à partir vivre leur vie hors du nid familial. Ce n'est que plus tard, avec le recul, que nous prenons pleinement conscience de la vitesse avec laquelle les années ont passé.

Dans le tumulte du quotidien, le temps peut parfois paraître long à certaines étapes du développement des enfants. Mon bébé va bientôt avoir trois ans. Ça fait dix ans que nous changeons des couches, mon mari et moi. Nous avons enfin l'impression de sortir la tête de l'eau et de voir la lumière au bout du tunnel. En même temps, quand je regarde mon plus vieux qui est à l'aube de sa rentrée au secondaire, je me demande où sont passées toutes ces années.

Ça va passer!

Ça va passer! C'est un mantra que je me répète pour m'aider à me rappeler que chaque situation avec des enfants est passagère.

Imaginez-vous que les crises de la terrible étape des deux ans de votre enfant fassent partie de votre vie pour le reste de vos jours. Ou pire encore, que le passage de la rébellion des quatre ans se poursuive jusqu'à l'adolescence, sans vous donner de répit entre les deux! Insoutenable! Dieu merci, ces stades intenses de la petite enfance ne sont que passagers, mais il est bon de se le rappeler, car dans le vif d'une crise ou d'une argumentation, il n'est pas rare de penser qu'on ne s'en sortira jamais. C'est pourquoi j'aime me répéter que *ça va passer,* ce qui me permet de dédramatiser la situation et me donne le courage dont j'ai besoin pour l'affronter.

Chez nous, le l'étape des quatre ans a toujours été plus difficile que celui des deux ans. C'est la raison pour laquelle je l'ai affectueusement surnommé le chaos du quatre ans. À cet âge, mes enfants ont tous tenté de sortir de la voiture pendant qu'elle roulait. Rassurez-vous, il n'y a eu aucun drame.

Cette première crise d'identité a donné lieu à des situations pour le moins éprouvantes pour nous, les parents. Ces moments où tu voudrais échanger ton enfant plutôt que d'avoir à gérer une autre de ses terribles crises. Le genre de situation où non seulement l'enfant perd le contrôle, mais le parent aussi. Oh! Que ça m'est arrivé souvent! Ces fois où il ne semble pas y avoir d'issue possible autre que la fuite. Je me suis déjà imaginé partir en courant et ne pas me retourner pendant l'une de ces horribles crises de l'un de mes enfants, que ce soit en public ou à la maison. Me sauver et laisser quelqu'un d'autre gérer la situation. Je ne l'ai pas fait, mais j'en avais envie!

Ma Mère Supérieure supportait difficilement le regard des autres, qui devaient sûrement se dire que j'étais la pire mère au monde! Et pourtant, ne nous arrive-t-il pas à tous de nous retrouver dans des situations semblables? Dans ces moments, je panique, je perds tous mes moyens! Je ne sais pas quoi faire, j'essaie de raisonner l'enfant, je me trouve inadéquate, je me tape sur la tête! Je ne me trouve pas à la hauteur de la mère parfaite que je veux être. Mes années de consultation m'ont appris que c'est quand j'accepte mes failles que je peux enfin espérer trouver une issue possible.

Ça va passer! Mes garçons ont dépassé cette étape des crises, ils ont maintenant d'autres enjeux. La vie m'a fait le cadeau de deux petites filles qui, elles, sont en plein dans cette période critique du passage de deux à quatre ans. Je tiens à dire que j'ai maintenant un peu plus d'expérience à démasquer Mère Supérieure et à la voir venir quand elle veut se mêler de mes affaires!

Les couches, le manque de sommeil, les purées, les otites sont toutes des étapes qui semblent interminables quand nous les vivons, mais qui finissent par passer et nous redonner l'espoir d'une vie normale.

Ma fille de quatre ans est présentement dans une phase où la séparation est difficile. Chaque fois, elle demande des câlins, des bisous, encore des câlins et des bisous, elle prend même des petits morceaux de moi pour les mettre dans son cœur pour la journée. C'est mignon, mais à la longue, je finis par me lasser et m'impatienter. Dans ces moments, j'essaie de me rappeler que ça va passer! Bientôt, elle ne voudra plus de mes câlins en public. C'est moi qui vais m'accrocher à elle et la supplier de me donner un bisou! Les rôles seront inversés. Ça me fait rire! Je vais m'ennuyer de ces petits moments exaspérants, mais combien précieux et touchants!

Entretenir son jardin

J'entends très souvent des femmes et des hommes me raconter qu'ils se sont séparés après que les enfants eurent quitté la maison. Je trouve ça triste et dommage. Élever des enfants est de loin la chose la plus difficile pour un couple. C'est éprouvant, accaparant, ça met la patience des deux parents à rude épreuve et c'est aussi très confrontant. Je ne vous apprends rien en vous disant que la communication est essentielle et que c'est la clé de la réussite. Le problème, c'est que les moments pour s'asseoir et discuter tranquillement, sans interruption, de notre façon d'aborder l'éducation des enfants et de gérer les problèmes familiaux ne font pas partie de notre agenda déjà très chargé.

La vie passe et la poussière s'accumule en dessous du tapis. Cliché, mais vrai! Si nous ne prenons pas le temps de soulever le tapis et d'enlever la poussière, des rouleaux de mousse s'accumuleront et longeront les murs de la maison. Il est facile de perdre le contact et de négliger cet aspect de la communication et de l'écoute primordiales qui sont à la survie d'un couple. Il ne faut surtout pas attendre que l'occasion se présente parce que, croyez-moi, avec quatre enfants, le bon moment ne se présente jamais! Il y a toujours quelque chose de mieux à faire ou de plus urgent!

Il faut le provoquer, ce moment, se donner les moyens pour qu'il se réalise. Prendre rendez-vous, que ce soit pour le lunch, le soir au restaurant, une soirée au cinéma ou même une nuit à l'hôtel dans sa propre ville. Rien de compliqué ni de grandiose. Simplement le planifier et l'inscrire à l'agenda, sinon on ne le fait pas et on se perd de vue. C'est trop facile de se retrouver dans le cercle vicieux du brouhaha de la vie au quotidien et de toujours remettre à un autre jour. Le temps passe vite. Demain, il sera peut-être trop tard!

Un couple a le devoir de se donner le droit d'être égoïste et de ne pas penser qu'aux enfants! Être des amoureux durant quelques heures en laissant de côté leur rôle de parents. C'est un bel exemple pour les enfants que de leur montrer que leurs parents sont d'abord et avant tout des amoureux. Je crois que ça fait aussi de nous de bien meilleurs parents, partenaires et complices. Si on n'entretient pas ce jardin en arrachant les mauvaises herbes, le chiendent prendra le dessus et il sera impossible de faire pousser quoi que ce soit dans cette terre négligée. J'aime comparer le couple à un jardin. Je trouve que l'image est forte et explicite.

Le danger, si on n'entretient pas le jardin, c'est de se retrouver plus tard, une fois les enfants partis, devant un étranger, quelqu'un qu'on a perdu de vue et avec qui on n'a plus beaucoup de points en commun et d'atomes crochus. Si l'on prend soin de ce jardin tout au long de sa vie de parent, qu'on arrache les mauvaises herbes, qu'on y dépose de nouvelles graines et qu'on se garde un petit coin secret que personne ne peut piétiner, alors quand on arrive à la deuxième partie de sa vie, celle où les enfants quittent la maison et qu'on se retrouve en tant que couple, on a un futur, on se retrouve devant une terre fertile et prête à recevoir des nouvelles semences.

Le danger de se retrouver face à un grand vide guette le couple si les deux partenaires investissent tout ce qu'ils ont – temps, argent et énergie – dans les enfants. Une fois les enfants partis, que nous reste-t-il si nous n'avons jamais pris le temps de garder nos passions en vie par manque de temps ou tout simplement d'intérêt? J'aime penser que la passion garde en vie. Elle stimule, donne une raison d'être, une explication à tout ce que nous faisons et ce que nous sommes. Sans passion, le couple peut s'éteindre, l'individu aussi.

C'est une obligation, à travers les années, d'entretenir des passions communes. C'est presque impossible de ne pas trouver quelque chose qui stimule les deux. La danse, la musique, la lecture, la rénovation, la cuisine, les voyages, le jardinage, la marche, le vélo, l'écriture, les arts, la méditation, le bénévolat, la liste est longue. Trouver une passion commune est selon moi le second souffle dont le couple a besoin pour poursuivre sa route dans le silence qui suit le tumultueux passage des enfants dans sa vie. Cette recherche de passion ne peut qu'avoir un impact positif sur notre progéniture.

Un chercheur de talent chez les jeunes sportifs me confiait en entrevue qu'un enfant qui n'a pas de passion est un enfant perdu. Il n'a aucune motivation à se lever le matin, à bien se nourrir, à dormir et à se reposer. Il tourne en rond et erre sans but.

En étant des parents passionnés, nous montrons à nos enfants le chemin vers une vie riche et épanouie. Nous leur donnons les moyens de vivre leurs rêves au lieu de rêver leur vie, comme le dit si bien le grand aventurier Bernard Voyer dans ses conférences.

Au-delà du couple, il y a la femme. Nous avons tendance à nous oublier plus que les hommes dans toute cette aventure parentale. Bien que la situation ait évolué, nous sommes encore souvent celles qui, dans la famille, passent le plus de temps à donner les soins et à effectuer les tâches domestiques. Les temps changent et nos modes de vie aussi.

Mon grand-père et mon père font partie de cette génération d'hommes qui n'ont pas souvent changé de couches dans leur vie de pères. Les hommes de ma génération mettent beaucoup plus la main à la pâte et sont très impliqués auprès des enfants. Force est de constater que de plus en plus de pères partagent les tâches reliées à la famille et permettent ainsi aux mères de relever des défis à l'extérieur de la maison.

La lourde responsabilité de la gestion familiale ne repose plus seulement sur les épaules de la mère. Un samedi matin, juste avant notre départ pour nous rendre toute la famille au chalet, j'étais sur le point de terminer l'écriture de mon livre, mais je manquais de temps. Mon mari m'a fait le plus beau cadeau qui soit. Il est parti seul avec les quatre enfants pour me donner toute la liberté dont j'avais besoin pour mener à terme mon projet.

Je suis toujours touchée lorsque je vois un homme aller chercher son enfant à l'école ou le conduire à un rendez-vous chez le médecin. Je ne suis pas vieux jeu, je trouve beau de voir que derrière ce petit geste, il y a un partenaire qui désire donner la chance à sa compagne de pouvoir se réaliser. C'est le partenariat et la complicité derrière ce geste qui me touchent. Si, derrière chaque grand homme, il y a une femme, on est alors en droit de souhaiter que derrière chaque grande femme, il y a un homme qui prend soin d'elle et de sa famille.

Isabelle et Charles accompagnés de leurs enfants
Eliot 10 ans, Guillaume 7 ans,
Olivia 4 ans et Maxime 3 ans.

*Le montage de la couverture du livre
avec les quatre enfants.*

CONCLUSION

Une amie me dit souvent à la blague qu'au fond, on est tous et toutes pareils et qu'il n'y a que le numéro de porte qui change! Elle a un peu raison. Quand on ouvre la porte et qu'on entre dans les chaumières où il y a des enfants, on y voit souvent les mêmes préoccupations, les mêmes enjeux, les mêmes sources de conflits. Les acteurs changent, mais la trame de l'histoire demeure sensiblement la même. Si des caméras étaient installées dans les maisons afin de voir ce qui s'y passe vraiment, plusieurs d'entre nous se déculpabiliseraient. Ce qui nous empêche de dormir pourrait alors devenir une source d'échanges entre individus et une mine d'or de pistes de solutions.

Écrire est thérapeutique, je vous le confirme. Cette aventure m'a beaucoup apporté sur le plan personnel. Mener à terme ce projet à travers les besoins des enfants, les chroniques et tous les aléas de la vie quotidienne m'a demandé une grande discipline et un gros engagement. Mon objectif était clair et j'ai essayé de ne pas le perdre de vue : écrire par amour pour l'écriture et par amour pour mes enfants dans le souci de trouver le chemin vers mon cœur.

Ce que je retiens de mon expérience m'a prise par surprise, je ne m'y attendais pas. J'ai appris à nuancer mes propos. J'ai réalisé que tout n'est pas tout blanc ni tout noir dans la vie. J'ai appris à accepter la critique, les commentaires négatifs de façon plus constructive. J'ai aussi développé une profonde compassion pour les femmes, toutes les femmes. Non pas que je n'en ressentais pas avant, mais maintenant, cette compassion est plus exempte de jugement, de comparaison ou de compétition. C'est une compassion pleine de reconnaissance, d'empathie et d'amour.

La soif d'ambition ne suffit pas à nous donner accès au pouvoir. Il y a une multitude de facteurs à prendre en considération. Le premier est un fait : nous sommes et serons toujours celles par qui les enfants vont naître, ça ne changera pas. Nous devons en tenir compte dans ce débat de conciliation et d'équilibre. Je pense que non seulement les enfants devraient faire partie de l'équation, mais ils devraient même être au centre de toute cette discussion.

Je crois que notre société sortirait gagnante du fait qu'un plus grand nombre de femmes occupent des postes d'influence. La société a un rôle à jouer, certes, mais ne sommes-nous pas tous en partie responsables de cette pression et de ces jugements parfois inutiles? Si nous reconnaissions vraiment les personnes qui prodiguent les soins dans notre société, nous donnerions une importance à ce travail exécuté dans l'ombre et qui, bien que nécessaire et *obligatoire,* relève de l'anonymat et passe inaperçu dans notre monde moderne. C'est ce qu'évoque Anne-Marie Slaughter en parlant de son récent livre Unfinished Business.[1]

De l'avis de madame Slaughter, si nous arrêtions de parler de conciliation travail-famille et que nous parlions plutôt de la discrimination faite à l'égard des personnes aidantes, comme les mères, nous verrions que les entreprises ne font presque rien pour les aider et les valoriser. Au contraire, au retour de leur congé de maternité, les mères se retrouvent avec des contrats moins intéressants pour des clients moins importants et n'ont aucune flexibilité quant à leur horaire de travail ou aux congés pour des raisons familiales. Elle va plus loin en affirmant que le monde du travail exerce une discrimination favorable à l'endroit des travailleurs qui peuvent se fier sur une tierce personne pour prodiguer les soins de base et présume par le fait même qu'il est impossible d'être à la fois un bon employé et une personne dévouée à sa famille.

Selon Anne-Marie Slaughter, c'est en forçant les employeurs, les politiciens et nous tous à expliquer pourquoi notre soif de compétition les uns contre les autres est plus importante que notre intérêt à prendre soin les uns des autres, que nous pourrons changer les choses et reconnaître non seulement la nécessité, mais aussi l'importance, la valeur et l'ampleur de la tâche d'aidant naturel auprès de nos enfants et de nos aînés.

La route de l'ambition est remplie de surprises et d'imprévus. Nous en connaissons le point de départ : la naissance. Nous avons tous le même point d'arrivée : la mort. Ce que nous faisons entre les deux est unique à chacun. La beauté de la chose est qu'il n'existe pas de modèle unique à suivre. Ils sont tous bons.

Où en suis-je présentement dans ma vie? Est-ce que je me retrouve là où je veux être? Que signifie être libre? Avoir une vie sans contraintes? Impossible! La vie est faite de choses qu'on ne contrôle pas. Choisir ma façon de réagir devant l'adversité, n'est-ce pas là une forme de liberté? Dans la vie, je ne peux pas contrôler ce qui m'arrive, mais j'ai toujours le choix de ma réaction face à ces événements. Je travaille très fort à mettre ce choix en application chaque jour. Si en plus je réussis à le montrer à mes enfants, j'aurai alors accompli une partie de mon rôle de mère. Ce sera un bonus!

J'ai eu envie d'abandonner ce projet des dizaines de fois. La pression était insupportable. L'impression que j'allais décevoir en ne répondant pas aux attentes m'empêchait de savourer chaque moment de ce merveilleux projet. Ces attentes, je croyais qu'elles venaient de l'extérieur, mais en réalité, c'est moi-même qui me mettais toute cette pression. Je suis tombée dans le piège de ma pire ennemie : Mère Supérieure. J'ai voulu être une bonne auteure et prouver que je l'étais. J'ai voulu agir comme une bonne élève, celle qui ne fait aucune faute, ne se trompe jamais. Chaque fois que je me suis vue tomber dans le piège, j'ai tenté d'accepter où j'étais.

Entourée de personnes bienveillantes, j'ai regardé ce qui se passait à l'intérieur de moi. Cette intériorité m'a permis de retrouver le plaisir et la passion de créer. Je ne peux m'empêcher de faire un parallèle avec mon rôle de mère. La pression, les attentes et les engagements font partie de mon quotidien. En acceptant que je ne suis pas une *superwoman,* que j'ai des limites et que je n'ai rien à prouver à personne, je retrouve le désir et la volonté de me servir de ce qui est présent en moi et autour de moi pour en faire quelque chose de beau et de bon, peu importe la situation. Quoi qu'il arrive, j'essaie de m'aimer avant, pendant et après. C'est un conseil sage qui ne vient pas de moi, mais que j'essaie de mettre en pratique chaque jour.

J'ai souvent entendu des auteurs faire un parallèle entre écrire un livre et accoucher d'un bébé. Je ne comprenais pas vraiment la relation entre ces deux événements jusqu'à ce que je le vive. Ce n'est pas tant dans le processus d'écriture que le parallèle s'applique, mais dans la délivrance et le lâcher-prise. Laisser aller mes chapitres, donner mes phrases, mes idées et accepter qu'ils puissent vivre sans moi a été pour moi la chose la plus difficile à faire en tant qu'auteure.

Est-ce que mes écrits vont trouver écho en vous? Vont-ils vivre au-delà de ma portée sans que j'aie à faire quoi que ce soit de plus? Va-t-on accueillir mes idées de façon constructive? Quand est-il temps de lâcher prise? Le parallèle avec mon rôle de mère est évident.

En tant que mère, le plus ardu est de laisser mes enfants vivre leur propre vie et se transformer en êtres humains autonomes et distincts. Force m'est d'admettre que mes enfants, tout comme mon livre, peuvent vivre et exister sans que je sois toujours autour d'eux. Mais les mêmes inquiétudes sont présentes.

C'est pour cette raison qu'il est si important que je continue d'exister en tant que femme, même si je suis une mère. Se définir seulement et uniquement à travers les enfants est le plus grand piège qu'une mère puisse rencontrer. Être une mère, c'est accaparant, exaltant, nourrissant. Si on n'y prête pas attention, on peut facilement s'y perdre et s'oublier. Le temps finit toujours par nous rattraper et les enfants qui nous étaient prêtés sont de moins en moins présents. Le vide que leur absence crée devient de plus en plus grand.

Pour ne pas risquer de sombrer, il faut se garder vivante. Alimenter des passions, des amitiés, des passetemps. Avoir des projets. Vivre et exister au-delà de notre rôle de mère. Une mère passionnée est nécessairement une mère épanouie.

RÉFLEXION

Voici la version allongée de la prière de la sérénité qui m'inspire beaucoup.

PRIÈRE DE LA SÉRÉNITÉ[1]
écrite par des moines du Moyen Âge

Si, dans ta vie, un jour, tu devais pleurer
Te sentant bien seul, loin de ceux que tu as aimés,
Dis- toi bien qu'il y aura toujours
quelqu'un qui te montrera le droit chemin.

Écoute ces mots, car moi qui te les dis,
Je n'ai pas toujours été ce que je suis.
J'ai connu bien des pleurs, des paniques, et des misères.
Alors, récite avec moi cette prière.

Mon Dieu, donne-moi la sérénité
d'accepter toutes les choses que je ne peux changer.
Donne-moi le courage de changer les choses
que je peux changer
et la sagesse d'en connaître la différence.

Tu devras aussi te prendre en main,
si tu veux changer ton destin.
Laisse de côté les choses qui te détruisent,
tu auras alors de belles surprises.

Pour toi, chaque jour deviendra ensoleillé,
ton cœur s'ouvrira à l'amour.
Ne vis qu'un jour à la fois si tu veux en profiter,
et tu seras heureux pour toujours.
Mon Dieu, donne-moi la sérénité

d'accepter toutes les choses que je ne peux changer.
Donne-moi le courage de changer les choses
que je peux changer
et la sagesse d'en connaître la différence.

Quand ma patience est à bout, aide-moi à la retrouver.
Apprends-moi à faire face aux difficultés
avec calme et sérénité.
Lorsque je suis à court de réponses vives et
d'explications intelligentes,
permets que cesse le flot de questions,
au moins pendant un court moment.

Mon Dieu, donne-moi la sérénité
d'accepter toutes les choses que je ne peux changer.
Donne-moi le courage de changer les choses
que je peux changer
et la sagesse d'en connaître la différence.

Et quand j'ai l'impression que les journées sont trop brèves
pour que je puisse accomplir toutes les tâches
qui m'attendent,
fais au moins que je trouve le temps
de faire le plus important,
le temps d'écouter, le temps d'aimer et le temps de rire
aussi.

BIBLIOGRAPHIE

Chapitre 2

1. Britt, Fanny. *Les Tranchées : maternité, ambiguïté et féminisme, en fragments, atelier 10*, éditions Atelier 10, 2013.

Chapitre 3

1. http://www.coeurcreateur.com/blogue/2014/05/

2. http://www.coeurcreateur.com/blogue/2014/05/ #sthash.zWnGaUSR.dpuf

Chapitre 5

1. Badinter, Elisabeth. *Le conflit : la femme et la mère*, éditions Flammarion, 2010.

2. Lévy, Olivia. La Press Annie Cloutier « Aimer, materner jubiler », *La Presse+*, section Pause week-end, édition du 22 mars 2014.

3. Hampson, Sarah. « Touch gig », édition du *Globe and Mail*, édition du 16 octobre 2015.

4. Deschênes, Guylaine. *L'art de concilier le travail et la vie personnelle*, éditions Québec-Livres, 2013.

5. Marcotte, Julie, professeure, blogueuse et auteure

http://joyeusescatastrophes.com/mamantravaille/

Chapitre 6

1. http://www.larousse.fr/dictionnaires/francais/culpabilité/21052

2. Portelance, Marie, psychologue et auteure : *Inspirer le respect et le transmettre : le défi éducationnel du siècle*, éditions du CRAM, 2010, page 70.

3. Sandberg, Sheryl. *Lean in – Women, work, and the will to lead*, éditions Alfred A. Knopf, 2013, page 135.

Chapitre 7

1. Lortie, Marie-Claude. « Elizabeth Plank, la féministe 2.0 », *Châtelaine*, 8 avril 2015 (http://fr.chatelaine.com/societe/entrevues/elizabeth-plank-la-feministe-2-0/).

2. Chevalier, Manon. « Julie Snyder en toute vérité », *Elle Québec*, octobre 2015.

3. Gendron, Louise. «J'adore mes enfants mais j'en peux pus… », *Châtelaine*, mai 2015.

4. Holstein, Liliane. « Le burnout parental», *Châtelaine*, mai 2015.

5. Idem.

6. Petterson, Geneviève. «J'avais tout! », *Châtelaine*, 19 mars 2015 (http://fr.chatelaine.com/societe/ma-parole/javais-tout/).

7. Caron, Alain. *Le mythe de la réussite : Le plaisir dans l'action*, éditions Quebecor, 2007, page 169.

Chapitre 8

1. De Koninck, Maria, sociologue et professeure à la retraite de l'Université Laval.

2. Couillard, Kathleen, fondatrice du Journal des mamans rebelles, détentrice d'une maîtrise en microbiologie et immunologie.

3. Saint-Amour, Nathalie et Bourque, Mélanie. *Conciliation travail-famille et santé : Le Quebec peut-il s'inspirer des politiques gouvernementales mises en place dans d'autres pays?*, Institut national de santé publique du Québec, page 44 (https://www.inspq.qc.ca/pdf/publications/1718_Concil-TravFamSante_QcPeutInspirPolGouvAutresPays.pdf)

4. Idem, page 50.

5. Idem, page 36.

6. Idem, page 18.

7. Idem, pages 68-69.

Chapitre 9

1. https://fr.wikipedia.org/wiki/Feminisme.

2. http://www.adequations.org/spip.php?article362.

3. Colin-Simard, Valérie. *Masculin Féminin : La grande réconciliation*, éditions Albin-Michel, 2013.

4. Idem.

5. Leah Eichler. « The Future of Work », *Globe and Mail*, édition du 12 septembre 2015.

6. Candy, Lorraine. « Emma Watson : Le nouveau visage du féminisme », *Elle Québec,* mars 2015, page 84

7. Britt, Fanny. *Les Tranchées : maternité, ambiguïté et féminisme, en fragments*, atelier 10, éditions Atelier 10, 2013, page 53.

8. http://www.lapresse.ca/cinema/nouvelles/celebrites/ 201507/07/01-4883694-sarah-jessica-parker-nest-pas-feministe.php, la presse.ca, édition du 7 juillet 2015.

CONCLUSION :

1. Slaughter, Anne-Marie, article paru dans le cahier du Globe and Mail, 2 octobre 2015.

RÉFLEXION :

1. Prière de la sérénité, http://bichau.canalblog.com/ archives/2011/03/28/20746014.html

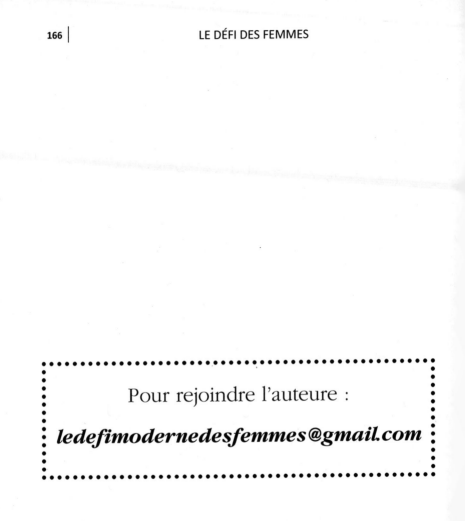

Pour rejoindre l'auteure :

ledefimodernedesfemmes@gmail.com

Visitez notre site pour connaître toutes nos parutions et nos nouveautés :
www.performance-edition.com

INFOLETTRE POUR OBTENIR DE L'INSPIRATION, TROUVER DES NOUVELLES IDÉES ET DÉVELOPPER VOTRE POTENTIEL

Recevez à votre adresse électronique,
un message de croissance personnelle.

Cette inspiration vous permettra :

- De prendre un moment de répit au cours de votre journée pour refaire le plein d'énergie;
- De vous repositionner face à vos situations personnelles;
- De répondre à vos défis de façon positive;
- De discuter avec votre entourage d'un sujet à caractère évolutif;
- De prendre conscience de votre grande valeur;
- De faire des choix selon votre mission de vie;
- D'être tenace malgré les embûches;

et plus encore...

Chaque infolettre que vous recevrez met en vedette
un livre de croissance personnelle.

C'EST GRATUIT! C'EST POSITIF!

INSCRIVEZ-VOUS AU www.performance-edition.com